MANUAL DE CONCEITOS RELIGIOSOS IORUBÁS

Dados Internacionais de Catalogação na Publicação (CIP)
(Câmara Brasileira do Livro, SP, Brasil)

Karade, Baba Ifa
Manual de conceitos religiosos iorubás / Baba Ifa Karade ; tradução de Caesar Souza. – Petrópolis, RJ : Vozes, 2025.

Título original: The handbook of Yoruba.
ISBN 978-85-326-7300-8

1. Iorubá (Povo africano) – Religião I. Título.

25-285452 CDD-299.673

Índices para catálogo sistemático:
1. Iorubá : Religiões de origem africana 299.673

Eliete Marques da Silva – Bibliotecária – CRB-8/9380

BABA IFA KARADE

MANUAL DE CONCEITOS RELIGIOSOS IORUBÁS

Tradução de Caesar Souza

EDITORA VOZES

Petrópolis

Tradução do original em inglês intitulado *The Handbook of Yoruba Religious Concepts*.
Esta edição é publicada mediante acordo com Red Whell Weiser, LLC, através da International Editors & Yáñez Co' S.L.

Direitos de publicação em língua portuguesa – Brasil:
2025, Editora Vozes Ltda.
Rua Frei Luís, 100
25689-900 Petrópolis, RJ
www.vozes.com.br
Brasil

Diagramação: Sheilandre Desenv. Gráfico
Revisão gráfica: Nilton Braz da Rocha
Capa:Ygor Moretti
Ilustração de capa: Àgéré Ifá (recipiente de adivinhação de Ifá) com mulher ajoelhada, Museu Metropolitano de Nova Iorque

ISBN 978-85-326-7300-8 (Brasil)
ISBN 978-1-57863-667-9 (Estados Unidos)

Este livro foi composto e impresso pela Editora Vozes Ltda.

Sumário

Agradecimentos

Para Olodumarê, Orumilá, orixá e egum.

Para os anciãos da Ilha Ilya Olorişa em Ejigbo, Nigéria, África. Uma apreciação especial ao Chefe Araba Malomo e Iyanla Keye por me iniciarem nas ordens sacerdotais iorubás de Oxalá e Ifá.

A Apetebi Şokoya Onayemi Aya Karade por sua edição, perspicácia, processamento de palavras, ilustrações e apoio carinhoso.

A todos os meus professores e mentores, incluindo Afolabi Epega, da Nigéria, Chique Valdez, de Porto Rico, Oba Oseijeman Adefunmi I, de Oyotunji, Carolina do Sul.

Gostaria de agradecer pessoalmente a todos os integrantes/iniciados do Ile Tawo Lona (Templo do Caminho Místico) e a todos que adotaram a tradição espiritual/religiosa iorubá.

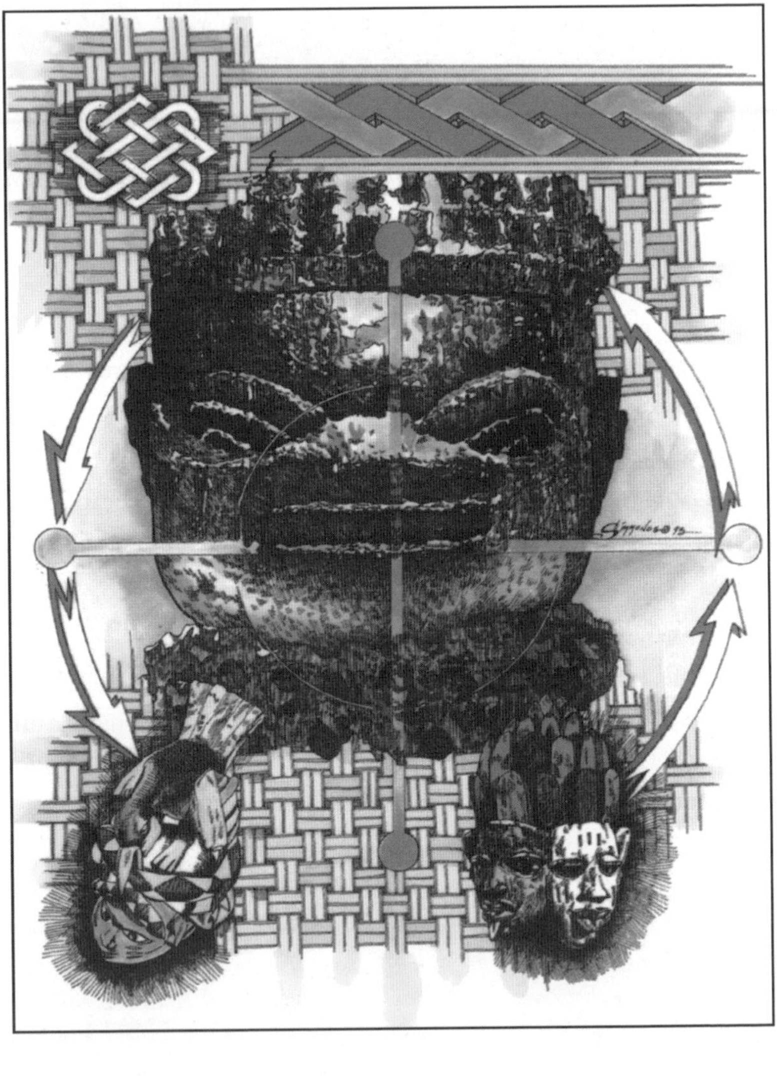

Uma nota aos leitores

Sempre que culturas interagem, ou através de conquistas ou de assimilação pacífica, a estrutura religiosa cultural dominante extrairá os aspectos mais positivos da cultura subjugada. O que resta em seu rastro são os aspectos negativos. As pessoas geralmente aceitam essa negatividade porque é a parte da origem ou tradição que é apresentada pela cultura dominante. Por exemplo, com relação à prática religiosa iorubá, o que resta é a mentalidade negativa "vodu-raízes-odu". Essa visão é destituída de realidades sagradas nascidas no pensamento africano com relação a religião, filosofia, cultura e dignidade. Torna-se aparente que a negatividade à qual estamos sujeitos é uma mera sombra da grandeza de uma vasta e empoderadora tradição africana.

Aqueles que buscam sua herança tradicional terminarão se encontrando com a espiritualidade de seus ancestrais. Quando esse encontro se dá, forma-se uma cisão. De um lado, é a estrutura societal religiosa dominante; do outro, é a estrutura ancestral infinita. Adeptos ao Iorubá ancestral devem estar conscientes dos perigos ao cruzarem o abismo. A iluminação espiritual, o estudo profundo e a aceitação gradual proverão a força, a coragem, o conhecimento e a sabedoria necessários para crescer, amadurecer e, por fim, transcender.

Introdução

Reinvestigar a estrutura cultural africana é redespertar e fortalecer sua consciência conceitual. Com relação à religião, conceitos são aspectos filosóficos e transcendentais das ciências do desenvolvimento. São o etos e a visão de mundo fundamentais de um povo – de uma cultura. A capacidade de conceitualização é uma das ordens de pensamento mais elevadas que inevitavelmente leva uma pessoa ou um povo a uma lógica superior. O que é concebido ou produzido por essa lógica é que a unidade com o potencial da essência criativa produz unidade no potencial da essência humana. Os preceitos do Iorubá giram em torno desse conceito básico.

Compreensões que levam à aceitação e à realização da lógica no desenvolvimento espiritual são muitas vezes definidas como místicas. O erro principal de muitos aspirantes e adeptos da fé iorubá é que confundem misticismo com ocultismo.

> Busca mística não tem relação alguma de objetivo ou meio com fenômenos ou poderes conhecidos como ocultos... O objetivo da busca mística de alguém é adquirir uma consciência imperecível através de uma comunhão progressiva entre seu corpo físico (sua realidade temporal), e seu ser espiritual (sua realidade imortal), e sua "afinidade" com sua causa divina (De Lubicz, 1982, p. 369).

É da maior importância que nós, nessa fé, esforcemo-nos para compreender o caminho dos místicos que se propõem a dominar as energias da existência para o bem maior como opostos àqueles que se esforçam para manipular essas energias para provocar dano, sofrimento e descontentamento.

De um modo semelhante, conceitos fundamentais básicos da fé iorubá têm sido mal-interpretados no Novo Mundo. O misticismo de seu núcleo foi ofuscado pelo ocultismo daqueles que extraíram e retrataram somente a sombra – que existe em todas as religiões.

O objetivo dos místicos ou ordens sacerdotais iorubás não é enfatizar poderes ocultos, mas buscar a essência divina e o caráter equilibrado por meio dos orixás, do odu-*Ifá*, *Egum* e de seu *ori*. De um ponto de vista conceitual, isso é onipresente e crucial. Aspirantes da religião iorubá devem ser constantemente lembrados, como reiterado ao longo deste livro, de que o Iorubá não é um culto nem oculto. É uma jornada divina ao si-mesmo interior e à consciência divina. O Iorubá é nossa religião. O Iorubá é nossa existência.

> O Iorubá nativo tem uma crença na existência de um ente autoexistente considerado responsável pela criação e manutenção do céu e da Terra, de homens e mulheres, e que também criou divindades e espíritos considerados funcionários no mundo teocrático, bem como intermediários entre os humanos e o ente autoexistente (Awolalu, 1979, p. 3).

A palavra iorubá para Deus é tanto *Olodumarê* como *Olorum*. Não há dúvida de que a civilização iorubá concebeu uma teosofia do Deus uno muito tempo antes que influências externas trazidas pela invasão ocidental, escravização e colonialismo. A prova está nas escrituras sagradas odu-Ifá outrora transmitidas oralmente e agora sob a forma escrita (como os kemetianos, gregos, romanos, hebreus, hindus, americanos nativos e outras civilizações antigas).

Sistemas tradicionais como o Iorubá são vistos como pagãos e heathenistas por aqueles que pertencem às maiores religiões e crenças mundiais proclamadas da atualidade. Claramente, a absurdidade dessas visões é relativa à falta de substância espiritual e religiosa daqueles que as sustentam. Dizer que uma religião é pagã é dizer que todos são pagãos. Nas próprias escrituras de culturas religiosas ao redor do mundo e ao longo do tempo há reconhecimento concreto, substancial e tangível de manifestações abstratas, insubstanciais, intangíveis de emoções, elucidações mentais e modificações, entes sobrenaturais, mundos e forças transcendentais que dirigem a criação, evolução e destruição de todas as coisas. Rituais, criações artísticas simbólicas e posições físicas e afirmações sagradas, tudo isso demonstra a necessidade e habilidade humanas de dar sentido à multiplicidade de realidades que existem no universo e, como entes sencientes, transcender como resultado.

Aspirantes são orientados a ver os orixás como divindades da cosmologia iorubá e como emanações do Olodumarê. Os orixás não são simplesmente construtos mitológicos concebidos para satisfazer a mente e o intento inferiores de humanos. Como divindades e anjos no contexto religioso, os orixás foram criados e enviados por Olodumarê para auxiliar a evolução e a edificação espiritual e física da humanidade. É nosso reconhecimento e nossa confiança nesses entes elementais que criaram a necessidade de fazer *ebo* e *adimu*: sacrifícios e oferendas; ter *dafa*: divinação; e, mais importante, *alaaṣe*: viver de acordo com a orientação ancestral.

> Na cultura judaico-cristã, a palavra para anjos representa seu trabalho como mensageiros, mas outras palavras para anjos representam sua essência. São chamados deuses, os filhos de deuses, ministros, servos, observadores, os sagrados. Constituem a corte do céu (Burnham, 1990, p. 140).

Embora a ênfase judaico-cristã seja clara, deve ficar muito bem-entendido que conceitos de anjos, serafins, avatares, santos e pessoas sagradas existiam muito antes de sua chegada. Por exemplo, o conceito iorubá de ancestrais e orixás como mensageiros de Olodumarê existia, de fato, milhares de anos antes do judaísmo e do cristianismo. Povos nativos ao redor do mundo falam de mensageiros – melhor descritos como deuses ou semideuses – lhes terem mostrado como cultivar a terra e domesticar animais, realizar rituais, construir templos etc. Povos antigos de todas as culturas do mundo descrevem esses entes sobrenaturais como vistos através de olhos culturais. Os Iorubás antigos não são diferentes a esse respeito.

A realidade das entidades angélicas ou dimensionais é fortalecida por fé e convicção. No sistema religioso iorubá, deve-se crer nos orixás a fim de ascender à consciência divina e atingir *eniyan gidi*: o estado divino do ente humano. Todavia, uma ruptura desse esforço foi criada por influências cristãs e islâmicas. Burnham declara: "Anjos islâmicos caíram após a criação dos humanos, mas anjos cristãos caíram antes da criação da raça humana" (Burnham, 1990, p. 140). A importância aqui é que os orixás iorubás nunca caíram em relação à graça divina. Há forças negadoras – *ajogun* ou "espíritos demoníacos" –, mas não há satã ou demônio. A resistência a transformar o orixá Exu-Elegba em satã, como um exemplo, deve ser mantida vibrante a todo custo.

Seitas religiosas que não possuem influências angelicais como uma parte importante da intervenção divina são aptas a minimizar e corromper as percepções espirituais daquelas seitas religiosas que as possuem. (Vemos isso em diferentes doutrinas sustentadas por católicos e protestantes.) Aspirantes à religião iorubá deveriam compreender que diferentes conceitos básicos de estruturas culturais e religiosas geram grandes equívocos e dubiedade sustentados principalmente pela sociedade ou cultura dominante. O propósito supremo deste trabalho é impedir que isso ocorra.

1
A história iorubá

Alunos ou aspirantes de qualquer sistema religioso são orientados pelo conhecimento e pelas percepções dos ensinadores desse sistema. Eles são educados na dinâmica geográfica, histórica e política que influenciou o começo e a expansão de sua religião específica e aqueles que desempenharam um papel em seu desenvolvimento. O mesmo vale para aspirantes iorubás – especialmente descendentes do Novo Mundo. Embora aspirantes busquem herança religiosa, bem como origens ancestrais, muitos sabem pouco ou nada sobre a história de Iorubalândia, na Nigéria, África Ocidental. Forneci vários pontos-chave para o propósito de estudo e contemplação.

Como uma introdução, vamos afirmar que as origens do povo e da cultura conhecidos como Iorubá estão envolvidas em antiguidade, de modo que é impossível dizer onde e quando tudo começou. São necessárias mais pesquisas sobre o tópico. E a aplicação de conhecimento sob formas de religião, mídia de massa, mídia social, literatura, educação e autodesenvolvimento é vista como uma necessidade determinada.

Sabemos que a história iorubá começou com a migração de uma população leste-africana através da rota transafricana que levava da área do Rio Nilo médio para a o Niger médio. Basil Davidson escreve: "desde épocas muito remotas, povos migrantes, sem dúvida, usaram essa rota... cujo clima e vegetação, há mais de dois mil anos, teriam tratado viajantes transafricanos de um modo muito mais gentil que hoje" (Davidson, 1988, p. 60). Davidson continua: "eles vieram desse modo [pela rota] desde os tempos antigos; e suas crenças e invenções vieram com eles" (Davidson, 1988, p. 60).

De acordo com M. Omolewa, arqueólogos nos informam que a região nigeriana foi habitada há mais de quarenta mil anos, ou remontando a 65.000 AEC (Omolewa, 1986, p. 15). Essa civilização foi, em parte, considerada a cultura nok. Essa cultura foi visitada pelo "grupo iorubá" entre 2000 e 500 AEC. O grupo foi liderado, de acordo com descrições históricas iorubás, pelo Rei Oduduwa, que se instalou um tanto pacificamente na já estabelecida Ilê-Ifé, a cidade sagrada do povo nativo. A época foi a da Idade do Bronze, indicando que a civilização de ambos os grupos estava em níveis elevados.

Cheik Anta Diop proclama: "Os Iorubás, durante a Antiguidade, viviam no Egito antigo antes de migrarem para a costa atlântica". Como demonstração, ele usa a similaridade ou identidade das línguas, crenças religiosas, costumes e nomes de pessoas, lugares e coisas (Diop, 1992, p. 216). O ponto-chave, ou foco, com relação à evolução religiosa iorubá é que a ordem egípcia junto aos povos antigos produziu a declaração mais definida do que constitui os Iorubás.

Em *History of West Africa A.D. 1000-1800* [História da África Ocidental 1000-1800 d.C.], Onwubiko afirma: "De acordo com a tradição, Oduduwa, o chefe ancestral e primeiro rei dos Iorubás, se estabeleceu em Ilê-Ifé. A partir daí, seus descendentes se tornaram reis e rainhas de cidades e territórios iorubás" (Onwubiko, 1967). O descendente mais importante de Oduduwa foi Oranmiyan, que se tornou o alafin, ou governante, do Estado Oió por volta de 1400 EC. Exércitos de Oranmiyan marcharam através do Sudão do Sul e penetraram na grande floresta tropical, conquistando e fundando o império iorubá. Séculos de glória e realizações espetaculares seguiram o reino de Oranmiyan. Foi durante essa grande era que o povo iorubá restabeleceu Ilê-Ifé como a capital espiritual e Oyo como a sede governamental.

Escravização dos africanos ocidentais: uma visão geral

A pesquisa de Onwubiko indica que "as guerras de expansão [que impactaram os Iorubás] durante os séculos XVI e XVII não foram travadas para obter escravizados para exportar para a costa, mas para serviço local nas terras iorubás. Foi apenas no século XVIII que as guerras para fornecer escravizados à venda para europeus se tornou importante" (Onwubiko, 1967, p. 136).

A escravização por mãos europeias começou nos séculos XV e XVI. Por volta de 1530, os portugueses começaram a transportar africanos da costa oeste para minas e plantações espanholas no Novo Mundo. Mais tarde, nações europeias se envolveram. França, Inglaterra, Holanda e Espanha logo se tornaram ativas na manipulação e ardil brutais que ficaram conhecidas como o "tráfico de escravizados". Essa era iniciou em 1488, quando Bartolomeu Dias zarpou de Portugal e do Cabo da Boa Esperança. Em 1498, Vasco da Gama explorou as regiões costeiras da África, abrindo os portões para a exploração e o controle europeus. Tanto Dias como Gama estavam buscando uma rota para as Índias Orientais e ambos estavam levando africanos para a Europa como escravizados.

Quando o Novo Mundo foi invadido em 1492, os africanos – após os europeus não terem conseguido escravizar os americanos nativos – foram obrigados a se tornar propriedade escravizada e enviados de navio para trabalho forçado no que se tornaria o Novo

Mundo: Estados Unidos, América do Sul, América Central e Caribe. Devemos observar que africanos também foram escravizados na Europa nessa época.

Jihads islâmicas também varreram a África em direção às regiões costeiras. Essa era durou do século VII ao século XIX. O tráfico de escravizados transaariano prosperou. A nação iorubá foi dizimada e depletada de seus recursos naturais e terminou colapsando como resultado desse duplo ataque (árabes e europeus) à sua pátria. Os árabes, basicamente, escravizaram africanos na costa leste e regiões centrais. A ênfase maior foi no tráfico de presas de elefantes e outras mercadorias exóticas. Os trabalhadores necessários para transportar as mercadorias eram cativos de guerras e ataques.

É importante observar que os maiores números de africanos escravizados enviados para o Novo Mundo vieram do povo iorubá. É importante observar também que a maioria daqueles escravizados era de prisioneiros de guerra tomados das classes de soldados de elite e sacerdotes guerreiros. Por isso, o Novo Mundo ter sido inundado por um povo consciente de sua cultura e que eram integrantes iniciados de seus ensinamentos superiores. Não admira que a cultura iorubá tenha se tornado o tema dominante da transferência africana para a América, independentemente das adversidades e sofrimentos impostos. Isso não significa dizer que as culturas de outras nações africanas não fossem igualmente importantes. Os povos Bini, Igbo, congolês, ganês e senegalês, bem como outros, desempenharam um papel vital na integração da África no tecido tanto do Novo como no do Velho Mundo.

Descendentes de africanos foram transportados para países do Novo Mundo como Cuba, Porto Rico, Trinidad, Jamaica, Haiti, República Dominicana e outras ilhas das Índias Ocidentais; para o Brasil, Argentina, Colômbia, Venezuela e outros países da América do Sul; e, finalmente, para as colônias e estados emergentes da América do Norte. (Como observação: Antes de e durante essa era, africanos eram transportados como humanos escravizados para a Inglaterra, França, Bélgica, Países Baixos e outros países europeus.)

A travessia do Oceano Atlântico para chegar ao Novo Mundo foi denominada Passagem Intermediária, o Tráfico Triangular e Maafa. Estima-se que mais de 75 milhões de cativos tenham sido levados durante os séculos XIV e XVIII. Isso não inclui os números elevados de escravizados pelos árabes ou levados para a Europa. A escravização de africanos permanece a maior atrocidade da história e um crime contra a humanidade.

O povo africano era solidamente envolto pela religião de sua cultura e o zelo para a implantar também existia – especialmente para os Iorubás. Maureen Warner-Lewis, em seu livro *Guinea's other suns* [Outros sóis da Guiné], cita um estudo de Moboguinji e Omer-Cooper (1971-1977):

> O fato de os Iorubás terem sido arrastados ao tráfico e escravizados em números tão elevados e pouco antes de o tráfico ter sido encerrado teve várias consequências importantes... Sua cultura e religião tendia a dominar a subcultura da sociedade de escravizados e a submergir e absorver em si elementos sobreviventes da cultura africana (Warner-Lewis, 1991, p. 1).

Passou a existir também um tipo de homogeneização ou síntese das religiões africanas e do cristianismo. Da perspectiva africana, interpretação e prática cristãs especiais emergiram. Warner-Lewis continua:

> Alguns [africanos] denunciaram os deuses tradicionais; outros sequer acreditavam em sua existência. Por outro lado, um grande número mantinha crenças e práticas tradicionais junto ao cristianismo, usando os recursos espirituais de uma para suplementar e complementar o outro (Warner-Lewis, 1991, p. 51).

Uma pessoa desprovida de estruturas e costumes sociais fundamentais poderia pensar que os conceitos de espírito e religião milagrosamente sobreviveram. Contudo, os africanos mantiveram o "africano" em meio ao cristianismo imposto e obrigatório. É evidente a criação de gritos de campo "negros", *spirituals*, apreensão do espírito santo (uma forma de possessão), brados, uso de dialetos, prece intensa, música, dança de louvor etc. A alma africana não se extinguiu durante a escravização, simplesmente se transfigurou para satisfazer as pressões euro-sociais da propriedade escravizada, do preconceito racial e de práticas e diretrizes quase genocidas.

Robert Farris Thompson escreve em sua introdução a *Flash of the spirit* [*Flash do espírito*] que

> os Iorubás são a maior população da África negra e são criadores de uma das primeiras culturas do mundo. Os iorubás se consideram descendentes de deusas e deuses, de uma antiga capital espiritual, Ilê-Ifé. Eles mostram sua preocupação especial com as regras de conduta para viver corretamente através de seu culto a deusas e deuses importantes, cada um essencialmente uma manifestação única de axé... somente as (deidades) mais amplamente [conhecidas] e importantes sobreviveram às vicissitudes do tráfico atlântico (Thompson, 1984, p. xv).

Essas deidades importantes trazem o nome de orixás, que são as divindades do povo iorubá. Eles são constituídos por Exu-Elegba, Oxalá, Oxum, Ogum, Iemanjá, Xangô, Iansã e inúmeros outros. Cada um requer um culto, canto e sacrifício especiais. A habilidade de manter essas deidades vivas na realidade mundana dos Iorubás levou ao mascaramento consciente delas por trás de santos católicos e representações sociorrituais associadas. Esse processo é conhecido como sincretismo. O catolicismo, com seus inúmeros santos patronos, tornou o mascaramento possível. E, como os portugueses e espanhóis eram católicos e também os principais escravizadores de prisioneiros da elite iorubá, a tradição sobreviveu praticamente intacta, ao menos em seu núcleo.

Entre as colônias europeias, seitas religiosas foram formadas: santeria, em Porto Rico; candomblé, no Brasil; ṣango baptise, em Trinidad; vudu, no Haiti, e lucumi/santeria, em Cuba. As influências europeias, embora grandes, não puderam deter os descendentes africanos de secretamente manter sua tradição. Mesmo a língua iorubá permaneceu quase intacta, com seus maneirismos culturais.

Protestantes ingleses também estavam envolvidos no tráfico de escravizados, e foram melhor sucedidos em "domesticar" os africanos escravizados, por isso, diminuindo o poder cultural africano como se vê ao comparar os Estados Unidos com Cuba ou o Brasil, que são de base católica. A ausência dos inúmeros santos patronos no construto religioso tornou difícil mascarar a religião iorubá. A falta de ambientes tropicais na América do Norte também dificultou aos africanos manterem a relatividade geográfico-cultural. Finalmente, a ênfase norte-americana/Estados Unidos em casar os escravizados africanos entre si e mais tarde o tráfico interno de escravizados pôs fim a novas ideias e ao fervor religioso trazido e incitado por cativos recém-chegados. Todavia, remanescentes da tradição iorubá emergiram e prosperaram como High John o Conquistador, Raízes, Vodu etc.

Hoje, muitos descendentes da África estão adotando abertamente a fé e prática iorubás. Devido a conflitos políticos, especialmente na década de 1950, povos do Novo Mundo e do Caribe tomaram o rumo dos Estados Unidos. Eram principalmente de Cuba, por vezes, chamada "Pequena África". Os cubanos trouxeram consigo a religião e prática iorubás como a interpretavam. Agora, descendentes de africanos nos Estados Unidos e no Brasil estão indo além do sincretismo e seu impacto e influência cristãos e interpretações religiosas. Estão retornando à forma mais pura de vida e religião ancestral conhecida como Iorubá ou Ifá. Aspirantes sérios a esse movimento religioso/espiritual se conectaram com sacerdotes e sacerdotisas nigerianos que agora residem nos Estados Unidos. Alguns, como eu, viajaram para a Nigéria para iniciações e percepções na fonte, ou, ao menos, mais próximas dela.

O ponto-chave percebido é que, no seu fim, a história, independentemente de quão trágica, ocasiona a disseminação de um povo e uma cultura ao redor do globo. Guerras, escravização, migrações forçadas, fomes etc. levaram ao deslocamento de milhões de entes humanos, mas muitas vezes vemos os traumas físicos desse dano e não os impactos culturais produzidos no mundo. Se a história continua a se repetir, o que muito provavelmente ocorrerá, então, continuaremos a ver o entrelaçar da humanidade em uma unidade, mesmo que esse entrelaçamento seja doloroso e forçado.

No outro extremo desse pesadelo está a percepção de que a disseminação também ocorre por meios pacíficos. Livros e outras formas de literatura e estudo também disseminam pensamentos, filosofias e religiões de inúmeras culturas. Artes e música acrescentam às humanidades que nos abrem ao poder de sermos humanos. E, agora, com o advento da internet e da mídia social, o mundo dista apenas de uma teclada ou de um comando de voz. O estudo da religião iorubá não é mais mantido em segredo pelos escravizados ou distorcido por noções mutáveis de magia e práticas demoníacas. A potência de seu núcleo está disponível não apenas aos sobreviventes de sua história, mas ao mundo inteiro.

Tabela 1: Uma comparação limitada dos orixás iorubás com os sobreviventes do Novo Mundo da tradição de orixás. Embora os nomes sejam ligeiramente diferentes, os atributos dos orixás são fundamentalmente os mesmos. Há outros ramos, embora não mencionados

Iorubá: Ifá/Orișa	Santeria/ lucumi: Orișa	Candomblé: Orixá	Vodu: Iwa/Loa
Eșu	Eleggua	Exu	Legba
Obatala	Obatala	Oxalá	Batala, Blanc Dani
Yemoja	Yemaya	Iemanjá	Agwe, La Balianne, Yemalla
Oșun	Ogun	Ogum	Ogu, Gu, Ogoun
Oshoosi	Oshoosi	Oxossi	Age
Osain	Osain	Ossain	Erinle
Șango	Oya	Oiá/Iansã	Aieda-Lenso, Olla
Babalu-aye	Babalu-Aye	Omolu/ Babaluiye	Sakpata
Olokun	Olokun	Olocum	Agwe, Mami Wata

2
Orumilá e o *corpus* Ifá

Orumilá é considerado o profeta da religião e cultura Iorubás. Foi Orumilá que desenvolveu e explicou o sistema de culto esotérico conhecido ainda como Ifá. Por meio do estudo da natureza humana e da natureza divina, Orumilá via que existiam dois níveis de potencialidade. Graças a ele, compreendemos que o estudo dos mundos animado e inanimado, manifesto e não manifesto, visível e invisível leva a compreensões fundamentais da ontologia cultural, e que essas originam a evolução e transcendência do espírito humano, que, por sua vez, encoraja o comportamento divino, a progressão mundana e a cosmologia expandida.

Orumilá (diferente de outros profetas) se tornou um personagem deificado que foi elevado a um ponto central na origem criativa da própria vida. De acordo com a religião iorubá, Orumilá tem uma posição comparável ao "filho de Deus". Considera-se também que estava presente (sob a forma de consciência divina) quando Olodumarê criou todos os entes, de quem ele conhece a verdade e o destino.

Orumilá é o mais esotérico dos *irunmoles* iorubás: entidades de luz. Ele age e fala embora não tenha uma forma física. Não há reflexões esculpidas de Orumilá. Todas as referências a ele são expressas por meio de implementos divinatórios, as ikins e a opele. Aqueles dessa ordem sacerdotal são conhecidos como *babalawos* ou *iyalawos*: pai dos mistérios ou mãe dos mistérios, respectivamente.

As origens físicas de Orumilá estão envolvidas em lendas antigas. Acredita-se que tenha nascido de pais humildes afro-ocidentais. Para o povo da pátria, ele era claramente reconhecido como uma criança divina, e, embora pobre e aleijado, expressava desde o início sabedoria e atributos divinos. Orumilá cresceu e se tornou conhecido como "o homenzinho de cabeça grande". Sua grande inteligência superava todos os ensinamentos conhecidos e sua natureza divina era vista como uma bênção dos orixás.

Quando adulto, Orumilá viajou pelo continente da África partilhando sabedoria com os profetas e sábios da pátria. Há evidências de sua influência no antigo Kemet (Egito) e na era judaica pré-cristã. Todavia, a potência de seus ensinamentos foi dirigida ao povo iorubá centrado em torno da cidade de Ilê-Ifé. Foi lá que construiu seu templo em Oke Tase, a colina sagrada. Foi também em Ilê-Ifé que ganhou *status* celestial. Seu nome significa "somente o céu conhece o caminho da salvação". Claramente, isso indica seu *status* profético e messiânico entre seus seguidores.

De acordo com a tradição oral, Orumilá é descrito como um homem iorubá que veio para Ilê-Ifé a fim de ensinar um sistema de ética, crença religiosa e visão mística. Contudo, devemos reforçar que ele apenas avaliou e proferiu sistemas de evolução consciente por meio do estudo da vida, do ritual e de crenças espirituais que existiam muito tempo antes de seu nascimento. Os anciãos sustentam que Ifá é a religião original, e, graças aos esforços e viagens de Orumilá, a religião progrediu.

Orumilá, nesse sentido, não é visto como o criador da religião iorubá *per se* (em comparação ao budismo ou às religiões abraâmicas, nas quais os profetas são vistos como os progenitores da religião efetiva). Ele é visto como o originador estrutural da transferência de Ifá à humanidade. Seu nome é a composição de *Orun lo mo eni ti yio la* (somente o céu/a consciência divina conhece o caminho da salvação). É considerado ser Ibikeji Odumarê (representante de Deus). Ele é o ponto focal da prática religiosa antiga. O período exato de sua presença na Terra é difícil de determinar, embora se diga ter sido por cerca de 2000 AEC.

Os ensinamentos de Orumilá provêm os aspirantes religiosos de meios e potencial para obterem o que se chama na tradição iorubá *titete* (alinhamento). Ao estudar o *corpus* Ifá – as escrituras outrora orais passadas de uma geração a outra –, devotos se esforçam para atingir um estado de unidade divina. Essa unidade se dá quando o *ori* (consciência terrena) é desenvolvido e elevado ao lugar de unificação com seu *iponri* (consciência celestial).

Orumilá também ensina que um esforço assim é árduo e exige anos de introspecção e esforço. Aqueles que embarcam em um *irin ajo* (jornada espiritual) necessitam fazê-lo com mente focada, coração puro e sinceridade profunda, pois, embora o atingimento seja glorioso, as dificuldades são horrivelmente devastadoras. Sabedoria, ritual e transcendência são os elementos-chave dos ensinamentos Orumilá, e estão vinculados à interpretação africana. Não há diferença aqui com relação a todas as outras religiões.

Ayanmo (destino), de um ponto de vista religioso, descreve o retorno de uma pessoa à realização interna da essência primal ou ser divino. Orumilá proclamava que os humanos devem retornar à sua natureza divina ou estado de ser, que nosso destino deve atingir ou retornar ao nosso estado divino interna e celestialmente, e que cada um de nós deve viver a existência no plano terreno como um reflexo desse estado divino. Essa é a razão suprema para o verdadeiro envolvimento religioso ifá.

Orumilá continua em seu *corpus* religioso conhecido como Ifá que o destino de alguém pode ser realizado através de:

a) processos divinatórios legados a nós pelos ancestrais;

b) prescrições de ritual e sacrifício aos entes dimensionais espirituais cujas forças impactam o desenvolvimento e evolução humanos;

c) A ética à qual os humanos devem aderir a fim de serem vitoriosos sobre atos humanos opressivos e espíritos malevolentes.

Os antigos, ou anciãos, que são o *corpus* Ifá incorporado, são conhecidos como odus. Os odus são constituídos por 16 profetas celestiais que existiam quando a Terra era muito nova. Enviados para a Terra pelo *ará-orún* (conselho celestial), transmitem sua essência divina e profetizam. Baseiam-se em *Orum* (celestial) e *Aiê* (experiências de vida terrena), de modo a relacionar e depois elevar a consciência do povo. Esses 16 antigos se revelaram a Orumilá e são agora considerados seus discípulos celestiais de uma eternidade cósmica atemporal. Todavia, o nome "odu" vem de uma das esposas de Orumilá. Em Ifá, as mulheres desempenham um papel diferente daquele que desempenham nas religiões ocidentais: as mulheres não são a causa do pecado ou da separação dos humanos de Deus!

Cada um dos odus representa o epítome da sabedoria proverbial e religiosidade iorubás; contém uma enorme quantidade de *ese*: versos e *kiki* (ensinamentos morais) expressos por meio do *itan* (desenvolvimento mitológico, histórico e social). Os sacerdotes e sacerdotisas dos Iorubás começam a ensinar e aplicar o conhecimento e a sabedoria antiga dos odus de modo a apresentar formas de transcendência e salvação aos aspirantes espirituais. Considera-se que cada um dos *oju odus* ou *olodus* (dezesseis odus principais) e o *omo odua* ou *amulua* (240 odus inferiores) contenha 1.680 versos, ou códigos morais, tornando esse um grande esforço. E, embora ninguém seja considerado capaz de atingir um tal nível, o objetivo é se esforçar continuamente para percepções e compreensões maiores.

Orumilá foi capaz de atingir a elevação consciente do odu e, com isso, revelar as mensagens sagradas que incorporam. A habilidade para atingir esse estado é manifestada na habilidade para divinação. Cada odu tem seu padrão próprio e suas descrições, rituais e ética. Em cada odu há revelações das forças divinas e opressivas conhecidas como *ajagun* e *ajogun*, respectivamente. Os orixás são manifestações do céu enviadas para continuamente combater a natureza humana a fim de elevá-la, purificá-la. Os ajoguns são os entes "demoníacos". São forças terrenas e celestiais cuja intenção destrutiva é nos manter vinculados à Terra, interromper nossa evolução e eliminar nossa salvação.

Experienciar a divinação no contexto iorubá é experienciar o núcleo essencial da filosofia e culto iorubás. Infelizmente, a divinação é muitas vezes relacionada a "fazer uma leitura", que, de acordo com alguns, deprecia e insulta o ato sagrado. Médiuns podem "ler" uma pessoa, mas a religiosidade não é necessária. Contudo, um senso de religiosidade deve ser apresentado quando a divinação *dafa* ou Ifá é realizada.

É por meio do processo de divinação que aspirantes passam a conhecer a si e às forças que estão moldando suas vidas passadas, presentes e futuras. Por intermédio do processo de divinação, aspirantes passam a compreender a necessidade de alinhamento com seus si-mesmos mais celestiais e como superar as forças opostas que perturbam todos os esforços. Estudo, interpretação, reflexão e refinamento das dimensões psicológicas e espirituais são o mais importante quando novatos assumem as austeridades dos ensinamentos de Orumilá.

A Figura 1 descreve os dezesseis padrões odus que se distinguem por marcas de (I) para luz/aberto e (II) para escuridão/fechado. Na Tabela 2, os odus são representados junto a um dos versos. Os ensinamentos religiosos do além-mundo são acrescentados

Figura 1: Os dezesseis odus principais (oju odu) e seus padrões

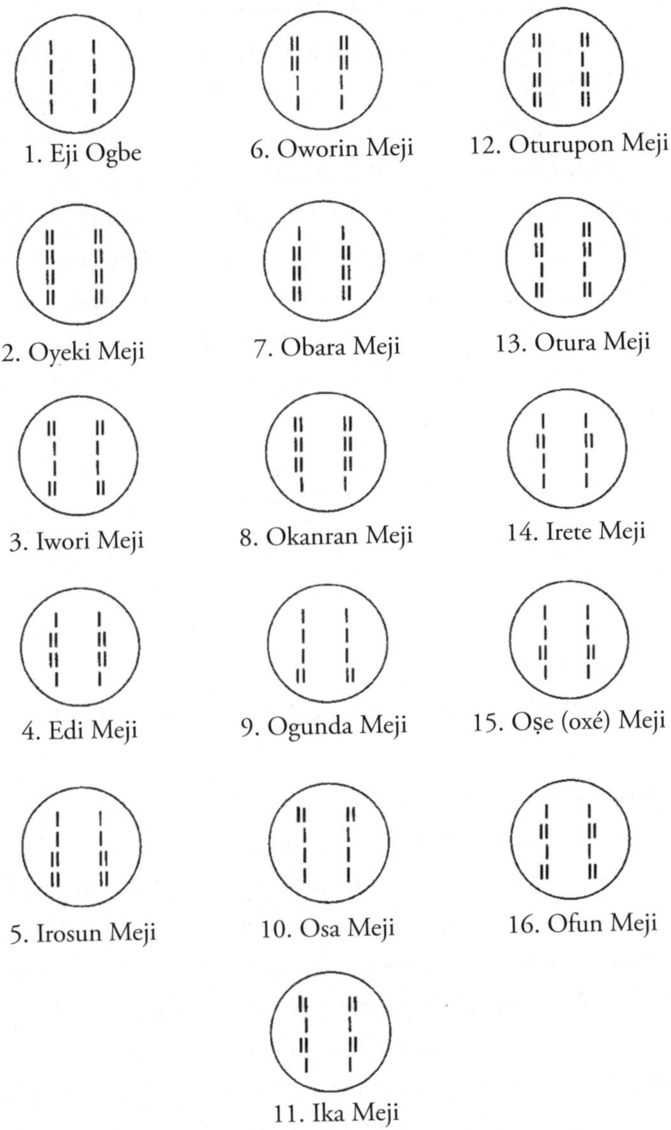

por meio da análise comparativa de modo que os *ologberi* (não-iniciados) e os aborixás (iniciados) e os olorixás novatos (sacerdotes/sacerdotisas) não serão restringidos em seu pensamento. Deve ser constantemente reforçado que os Iorubás são de uma ordem mundial religiosa. Além disso, as revelações de Orumilá necessitam ser abertas a todos. Como uma observação, a ordem dos odus não é esculpida em pedra. Por exemplo, encontramos mudanças baseadas em regiões na África Ocidental. Vemos também uma ordem diferente quando os olorixás, os sacerdotes dos orixás, usam os obis ou conchas de búzios para divinação. Contudo, embora as ordens possam variar, o conteúdo central do odu permanece consistente. Com uma observação: os sacerdotes/sacerdotisas orixás jogam as conchas de búzios duas vezes para obterem um duplo odu; a dupla batida das ikins pelos sacerdotes ifás também produz um duplo odu. A opele do Ifá mostra uma leitura de dois lados, da esquerda para a direita, quando jogado. Por exemplo, uma divinação pode se mostrar duplicada, e isso é chamado odu meji. Quando não duplicada, é chamada pelo primeiro lançamento e então pelo segundo, ou omo odu – por exemplo, oworin idi, ogbe osa, irosum oworin. Os omos odus também possuem seus versos e conteúdos.

O que é profundamente interessante é que, uma vez que o odu foi determinado, as perguntas sobre *ire* (bênçãos) ou *ibi* (maldições) são então feitas e respondidas pelo devido processo. Por exemplo, o odu pode declarar seu conteúdo, mas o próximo passo é determinar se vem com ire ou ibi. Ire poderia vir do orixá e/ou dos ancestrais e/ou do Ifá, do esposo e/ou da esposa, da mãe e/ou do pai, do ori e/ou dos esforços, do sacerdote/sacerdotisa e/ou do espiritualista e/ou do médico, e assim por diante. Ibi poderia vir da pessoa doente e/ou da morte, da perda e/ou da paralisia, do problema e/ou de maldições, do aprisionamento e/ou de aflições etc. O ponto aqui é que Ifá – diferente de muitas religiões mundiais – vê a essência daqueles com quem os devotos interagem e por quem são afetados e como leva ao melhoramento ou detrimento do caráter dos devotos, de sua progressão mundana e, por fim, da salvação celestial. Oferendas e/ou sacrifícios são então feitos às respectivas *ajaguns* (divindades) e/ou *ajoguns* (forças demoníacas) no odu.

Tabela 2: Os dezesseis odus principais (oju odus) e seus caminhos religiosos correspondentes

Caminho	Eji Ogbe
Ifá	Aqueles que obtêm bênçãos são os que vivem por sua sabedoria; somente tolos não sabem como dirigir suas vidas. Se não suportarmos sofrimento que encherá um cesto, não receberemos bênçãos que encherão um copo. Não aja de modo impensado ou precipitado, pois poderá perder as boas coisas que chegam no entardecer da vida.
Bíblico	A integridade guia os homens retos, mas a falsidade dos traidores os destrói (Pr 11,3).
Asiático	A pessoa superior é quieta e calma, à espera dos desígnios do céu. A pessoa comum percorre caminhos perigosos buscando por ocorrências afortunadas (Doutrina do Meio).
Corão	Oh, meu filho! Estabeleça prece regular, desfrute o que é justo e perdoe o que é errado. E tolere com constância paciente o que quer que te sobrevenha; para isso é a firmeza (de propósito) na (conduta dos) assuntos (Sura 31:17).
A Husia (Egito antigo)	Contra aqueles que são inocentes em termos de conduta, palavra alguma pode prevalecer. E com aqueles que são autocontrolados, o duro é mais gentil do que suas mães; e todos se tornam seus servos. Deixe seu nome ir adiante; então quando estiver silente, será reconhecido e respeitado (Kagemni).
Provérbio africano	O coração do sábio jaz quieto como as águas pacíficas (Camarões).

Caminho	Oyeku Meji
Ifá	A prevalência de explosões de temperamento e de maldições é a causa de dificuldades na vida de alguém.
Bíblico	Quem cava um buraco nele cairá; quem rola uma pedra, sobre ele voltará (Pr 26,27). Quem extravia os retos para o mau caminho cairá no seu próprio fosso, mas os íntegros herdarão a felicidade (Pr 28,10).
Corão	Pois Deus não ama o arrogante, o vanglorioso, (nem) aqueles que são vis ou apreciam a vileza em outros… pois, para aqueles que resistem à fé, preparamos uma punição que os conduz ao desprezo (Sura 4,36.37).
Provérbio africano	As cinzas voam de volta para a face dos que as jogaram (Niger).

Caminho	Iwori Meji
Ifá	Teus filhos serão criados sob condições muito duras. Contudo, deverias continuamente perseverar em sua criação correta.
Bíblico	Habitua o menino no caminho a seguir, e, mesmo velho, não se afastará dele (Pr 22,6).
Asiático	Educa teus filhos de modo que o direto possa também ser moderado; que o gentil possa ser dignificado; o forte, não tirânico; e o impetuoso, não arrogante (Menicus).
Kemet (Egito antigo)	Se sois pais de valor e sabedoria, educai vossos filhos de modo que possam ser agradáveis a Deus… mas se falharem em seguir seu curso, se se opuserem à vossa vontade, se rejeitarem todo conselho e puserem sua boca em movimento com palavras vis, então, afastai-os (Ptaotepe).

Caminho	Edi Meji
Ifá	É uma grave tragédia morrer jovem; por isso, oremos: "Que possamos ser suficientemente maduros antes de sermos comidos pela morte; e que busquemos por todos os meios atingir uma vida longa".
Bíblico	O temor do SENHOR prolonga os dias, mas os anos dos ímpios serão abreviados (Pr 10,27). Não sejas demasiado justo, nem te mostres demasiado sábio, para não te arruinares! Não exageres em tua maldade e não sejas insensato, para não morreres antes do tempo! (Ecl 7,16-17).

Caminho	Irosun Meji
Ifá	Busca o lugar de honra, respeito e realização nesse mundo; pois te tornarás um ancestral reverenciado.
A Husia	Cada pessoa ensina enquanto age. Falará aos filhos de modo que falarão aos seus. Cada pessoa estabelecerá um exemplo e não ofenderá (Ptaotepe). Segue os passos de teus ancestrais, pois a mente é treinada pelo conhecimento. Observa tuas palavras, persevera nos livros (Kheti). Faz libações para teu pai e mãe que repousam no vale dos mortos. Deus testemunhará tua ação e a aceitará... pois como fizeres para teus pais, teus filhos também farão para ti (Ani).

Caminho	Oworin Meji
Ifá	Ouvir e apreciar; receber conselho e o aceitar; receber orientação para saber como o mundo é.
Bíblico	Escuta o conselho e aceita a instrução para seres sábio no futuro (Pr 19,20).
Provérbio africano	Dá-lhes conselho e orientação; se não aprenderem, deixa a adversidade os ensinar (Etiópia).

Caminho	Obara Meji
Ifá	A pessoa deve ser retirada da aceitação e do estado de espírito empobrecidos. Não há virtude na pobreza. Sê industrioso e realiza teus desejos. A riqueza virá.
Bíblico	Não sejas amigo do sono, para não empobreceres! Tem os olhos abertos e terás pão em abundância (Pr 20,13).
A Husia (Egito antigo)	Sê diligente enquanto vives, sempre fazendo mais do que é exigido de ti. Não desperdices teu tempo seguindo o coração, pois o desperdício de tempo é ofensivo à alma. Não percas a oportunidade diária de aumentar o que possuis (Ptaotepe).
Provérbio africano	Pobreza é escravização (Somália).

Caminho	Okanran Meji
Ifá	Deves te dar conta de que a teimosia não é benéfica; que a verdade em relação a ti deve ser ouvida. Não sejas abertamente influenciado por teu ego autodefensivo. Problemas na vida são provocados por autonegligência.
Bíblico	Todo caminho do ser humano lhe parece reto, mas é o SENHOR que sonda os corações (Pr 21,2).
Asiático	Em arqueria, temos algo da pessoa superior. Quando uma arqueira erra o centro do alvo, vira-se e busca a causa de sua falha em si (Doutrina do Meio).
A Husia (Egito antigo)	Evita palavras e feitos enganosos, bem como palavras que não são verdadeiras. Destrói o desejo de fazer e falar mal dentro de ti, pois a pessoa má não tem descanso (Ani).

Caminho	Ogunda Meji
Ifá	A raiva nada faz para ninguém; a paciência é a mãe do bom caráter; aqueles que desenvolvem a paciência desfrutarão vida longa.
A Husia (Egito antigo)	Sê gentil e paciente, então, teu caráter será belo. É no desenvolvimento do caráter que a instrução é bem-sucedida. Aprende a estrutura e o funcionamento do céu. Aprende a estrutura e o funcionamento da Terra (Ankhsheshonqi).
Provérbio africano	Uma pequena sutiliza é melhor do que muita força (Zaire).

Caminho	Osa Meji
Ifá	A pessoa deve parar de se dirigir ao infortúnio. Deve parar de provocar mal a si.
A Husia (Egito antigo)	Gentileza na conduta de todo tipo leva a pessoa sábia a ser enaltecida. Não fales coisas duras, nem fales alto, pois uma voz alta danifica os membros do corpo como uma doença. Não sejas tão impaciente ao perguntares a ponto de ficares com raiva ao ouvires... Não cedas à tentação de dar conselhos sem que te peçam (Phebhor).

Caminho	Ika Meji
Ifá	A divinação ifá deve ser continuamente realizada de modo que as forças na vida da pessoa sejam compreendidas e controladas.
Bíblico	Ainda que eu ande por um vale de espessas trevas, não temo mal algum, porque Tu estás comigo; teu bastão e teu cajado me confortam (Sl 23,4).
Asiático	Aqueles que são habilidosos no gerenciamento da vida que lhes foi confiada podem viajar pela Terra sem medo… pois dentro deles não há lugar para a morte (Lao Tzu).

Caminho	Oturupon Meji
Ifá	O orixá afirma que jamais devemos levantar problemas ou incitar conflitos; que devemos nos certificar com calma de nossas palavras mesmo antes de falarmos.
Bíblico	Uma resposta branda aplaca a ira, mas uma palavra ofensiva provoca a cólera (Pr 15,1). A língua dos sábios embeleza o saber, mas a boca dos insensatos despeja tolices (Pr 15,2).
Corão	E sê moderado em teu caminhar e baixa tua voz; pois a dureza dos sons, sem dúvida, é o zurrar do burro (Sura 31,19).
A Husia (Egito antigo)	Palavras ofensivas que vêm da tua boca, se repetidas, podem fazer inimigos ressentidos. Uma pessoa pode ser arruinada por sua língua. Cuida e vais te dar bem… uma resposta dura provoca conflito, mas quem fala com gentileza é amado (Ani).
Provérbio africano	Não digas a primeira coisa que vem na tua mente (Guiné). Se tua boca se transforma em uma faca, cortará teus lábios (Zimbábue).

Caminho	Otura meji
Ifá	Não importa quão poderosa a maldade seja, no fim, a justiça triunfa. O poder da falsidade é transiente e efêmero; embora aparentemente lenta e fraca, no fim, a verdade supera a falsidade.
Bíblico	O olho da verdade se estabelece para sempre, mas uma língua mentirosa, só um instante (Pr 12,19).
Asiático	Embora a joia branca seja jogada na terra, sua pureza não pode ser manchada por muito tempo; embora a pessoa boa viva em um lugar vil, seu coração não pode ser depravado. Como o abeto e o cipreste resistem os rigores do inverno, a sabedoria resplendorosa está segura em situações de dificuldade e perigo (Sabedoria de Kung Fu).
Provérbio africano	A verdade é como ouro: mantém-na trancada e a encontrarás exatamente como estava quando a guardaste (Senegal).

Caminho	Irete Meji
Ifá	Evita o egoísmo; aqueles que são egoístas terminarão suportando seus fardos sozinhos.
Bíblico	Quem fecha os ouvidos ao clamor do fraco não será atendido quando gritar (Pr 21,13).
Corão	Aqueles que (por caridade) dispendem seus bens noite e dia, em segredo e em público, têm sua recompensa com seu Senhor. Neles não haverá medo; tampouco, aflição (Sura 2,274).
A Husia (Egito antigo)	Ajuda teus amigos com coisas que tens, pois tens essas coisas pela graça de Deus. Se não ajudares teus amigos, dirão que tens um ka egoísta (Ptaotepe). Não comas pão quando alguém perto de ti está com fome sem estender tua mão para essa pessoa. Quanto à comida, está sempre aí; é a pessoa que não permanece… quem era rico no ano anterior pode mendigar neste ano. Portanto, não te angusties para encher tua barriga sem consideração por outros (Ani).

Caminho	Oxé Meji
Ifá	A menos que recorramos a cautela e discrição, perderemos as bênçãos da prosperidade.
Bíblico	Cruel é o furor; e impetuosa, a cólera; mas quem resistirá ao ciúme? (Pr 27,4).
Asiático	Podes fazer o bem sem pensares na fama, mas a fama ainda assim virá para ti. Podes ter fama sem visar a riquezas, mas riquezas certamente seguirão em seu rastro. Podes ser rico sem desejar provocar emulação e conflito, embora emulação e conflito certamente resultarão. Por isso, as pessoas superiores são muito cautelosas sobre como fazem o bem (Lieh Tzu).

Caminho	Ofun Meji
Ifá	Não fales daqueles que estão mentalmente enfermos ou fisicamente aleijados. Não deixes tua casa para falar mal daqueles com problemas.
Bíblico	Quem zomba do pobre e do deficiente insulta o Criador; quem se alegra da desgraça não ficará impune (Pr 17,5).
A Husia (Egito antigo)	Não rias do cego, não zombes da pessoa com nanismo, nem interfiras nos planos do manco. Não assedies aqueles que estão nas mãos de Deus, caso se equivoquem. Certamente, humanos são barro e palha, e Deus é o construtor (Amenemop).

3
Os orixás

Os Iorubás sustentam que o estudo da natureza é o mais importante. A natureza é vista como a manifestação de Olodumarê (também chamado Olodumare), ou Deus, através dos graus infinitos de substância material e espiritual. Essa essência, traduzida como axé, é a força inerente de toda criação. A ênfase desse estudo ou culto não está centrada no objeto físico ou tangível (como muitas vezes implicado ou aludido), mas na força, energia e consciência vivas que originam sua forma. O objeto tangível é apenas um símbolo da existência eterna que o gerou. Olodumarê é chamado também Oba atayese (o senhor que corrige erros sobre a Terra), Oba ada-eda (o criador de todos os entes), Olorum (senhor do céu), Eledá (criador) e Elemi (possuidor do sopro da vida).

Olodumarê, ou Edumarê, está em todas as coisas assim como o axé é a essência primal de todas as coisas. Não é a árvore, a pedra, ou a estátua que os ancestrais africanos reverenciam e cultuam, mas a energia profunda que originou sua existência e o que esse objeto especificamente refere em uma realidade de crença histórico-cultural. Ao conservarem essa religião da natureza, que é politeísta e animista, os ancestrais foram capazes de manter e também fortalecer a própria conexão real entre todas as coisas e entes humanos como uma parte de todas as coisas. Todavia, há um Deus na tradição religiosa iorubá. Após completo o culto, dizemos: *Ki Olodumare gba e o* (Que Olodumarê possa aceitá-lo).

Esse conceito é básico e fundamental com relação ao envolvimento religioso. Olodumarê, o criador, deve ser visto em todas as coisas e reconhecido entre devotos como central à fé iorubá. Humanos, desprovidos de ego opressivo, devem se ver como também pertencendo à criação de Olodumarê e se comportando como tal. Com relação ao orixá, devemos entender que, como divindades, avatares ou forças sobrenaturais, eles, também, são uma parte da essência e energia universais – espírito. E são compostos de propriedades celestiais maiores e mais próximas da fonte de existência. Sua habilidade para atuar em favor dos entes humanos é geralmente declarada como intervenção divina. Essa intervenção é originada por divinação, crença, fé, preces, cantos, oferendas, sacrifícios e elogios.

O termo "orixá" é na verdade a combinação de duas palavras iorubás: *ori*, a centelha reflexiva da consciência humana impregnada na essência humana, e *sha*, a potencialidade última dessa consciência para entrar em ou se assimilar na consciência divina. Dizia-se haver 400 + 1 orixás na cosmologia iorubá. O +1 é uma alusão aos acréscimos ou possibilidades infinitos.

A consciência humana necessita passar por estágios de desenvolvimento para atingir os níveis mais elevados. Os orixás simbolizam as forças e formas do potencial da divindade humana. Em *Her Bak* está escrito que "Os neters [entes divinos, avatares, orixás] são uma expressão dos princípios e funções do poder divino se manifestando na natureza. Seus nomes e imagens como descritos nos mitos definem esses princípios e funções, e propõem que os estudantes possam aprender a conhecê-los e os buscar em si" (De Lubicz, 1982, p. 27). Esse conceito sustentado pelos antigos do Egito e ao redor da África é evidente, embora por vezes desconsiderado, em todas as formas de desenvolvimento religioso e espiritual.

> Os Iorubás sustentam que o culto aos orixás ajuda o desenvolvimento do *iwa-pele* ou caráter e atitudes equilibrados. Que o propósito mais importante de uma pessoa na Terra é vir e exibir esse caráter e atitude (Popoola, 1987, p. 13).

A religião, como um costume de culto, não é o propósito dos humanos, mas somente um meio para um fim, enquanto o próprio fim é o iwa-pele. Portanto, a realidade fundamental com relação à divindade do si-mesmo e as forças celestiais é a do desenvolvimento do caráter puro e esclarecido. Essa é a premissa do verdadeiro envolvimento do orixá. A conexão entre o ori (consciência) e o iwa-pele (comportamento) de uma pessoa é claramente vista como recíproca e relativa. Ou seja, quanto mais esclarecida se torna a consciência de uma pessoa, com relação ao divino, mais seu comportamento reflete o divino. Assim, a pessoa é considerada santa ou sacerdotal em seu desenvolvimento e esforços.

Os orixás

Ori

G. Okemyiwa e A. Fubunmi afirmam:

> a palavra "ori" possui muitos significados. [Literalmente], significa cabeça; o ápice de todas as coisas, o que há de mais elevado em qualquer iniciativa... No corpo humano, ori é dividido em dois – a cabeça física e a cabeça espiritual... A cabeça espiritual é [também] subdividida em duas partes: o *ori apari* (o ori espiritual interno) e o *ori apere* (o sinal do deus/orixá pessoal de alguém) (Popoola, 1987, p. 15).

A ori ode (cabeça física), o ori inu (o espírito interno) e o iponri (o espaço anímico do si-mesmo interior) são noções mais conhecidas do ori. No odu ogunda meji é revelado que "nenhum deus pode abençoar uma pessoa sem o consentimento do ori dessa pessoa. Aquela pessoa cujo ori aceitou o sacrifício é quem deveria se regozijar muito". Sacrifícios e/ou oferendas são colocados primeiro na fronte ou no topo da cabeça dos devotos de modo que seu ori seja apaziguado.

Exu-Elegba

Exu, como uma divindade, é visto, basicamente, como o poderoso portador do axé ou potência criativa dos outros orixás. Por essa razão, todos os sacrifícios e oferendas devem ser partilhados com exu de algum modo. Ele é a divindade mensageira que entrega ao orixá sacrifícios de humanos, e de um orixá ao outro. Exu possui uma posição conflitante entre humanos e orixás, pois é aquele que "tenta suas almas". Exu tenta, frustra e perturba. Se todos os testes são passados, ele recria e ressuscita. É porque exu não discrimina quando se trata de impor as leis do ser – punindo ou recompensando, conforme o caso – que é tão respeitado e reverenciado. Ele está muito próximo de todas as forças – positivas e negativas –, como é o principal negociador entre elas. Awolalu escreve:

> A tradição iorubá sustenta que exu mantém relações com o mundo suprassensível e com entes humanos na Terra. Com relação ao mundo suprassensível, mantém relações estreitas com Orumilá, que é notável por sua sabedoria e conhece os desejos da deidade e das divindades (Awolalu, 1979, p. 29).

É interessante observar que em Iorubalândia, como afirmado por Awolalu, "exu não possui sacerdócio regular porque está associado a outras divindades. Mas, sempre que essas outras divindades são cultuadas, homenagens lhe são prestadas" (Awolalu, 1979, p. 30). Imagens de exu (geralmente feitas com barro, madeira, pedra ou concreto, adornadas com conchas de búzios) são encontradas em cada lar iorubá independentemente da ordem hierárquica sacerdotal ou do *status* da família. Exu também deve ser apaziguado antes não somente do orixá, mas também dos eguns (ancestrais). Mesmo babalawos devem ter uma relação profunda e duradoura com exu, porque é ele quem leva as mensagens de Ifá.

Oxalá

> Oxalá, conhecido também como Orișa-nla, Orișaala e Ogiyan, é considerado a arcodivindade de Iorubalândia. Representa a ideia de pureza ritual e ética, simbolizada pela brancura imaculada do tecido associado a ele. As paredes internas de seus templos são caiadas, seus emblemas são mantidos em recipientes brancos; robes, ornamentos e contas são brancos para seus sacerdotes e sacerdotisas (Simpson, 1980, p. 3).

Oxalá é considerado o mais inteligente e equilibrado dos orixás. Ele não só é o "pai dos orixás" como também aquele que moldou a forma humana sobre a Terra. É o escultor criativo que forma o corpo embrionário de crianças no útero. Foi Oxalá quem formou pela primeira vez a humanidade a partir do barro da Terra; é o primeiro emissário de Olodumarê na Terra. Os seguidores de Oxalá e outros apelam a ele para filhos, prosperidade, vinganças contra injustiças e para a cura de doenças e deformidades. Trazem preces e oferendas a seus sacerdotes, que então as apresentam aos altares e/ou santuários em prol dos seguidores, e fazem súplicas a Oxalá com preces, meditações, atos e comportamentos.

Oxum

Oxum é a orixá de amor incondicional, receptividade e diplomacia. É conhecida por sua sensualidade, fino desenvolvimento artístico e beleza. Oxum é uma divindade do rio que simboliza clareza e movimento fluido. Possui poderes para curar com água fria e para divinação com base em revelações de seus sonhos e percepção sensível. Considera-se que Oxum possua muitos lados. Pode ser muito irascível e irritável; pode também ser calma e fluida. Ambas as facetas podem se dar, dependendo dos devotos e/ou da natureza da situação.

Oxum também é a divindade da fertilidade e da essência feminina. As mulheres apelam a ela para a gravidez e para o alívio de enfermidades da mulher. Ela gosta de bebês e é procurada se um bebê adoece. É refletida em bronze, ouro e gemas cintilantes. É conhecida por seu amor pelo mel. É a orixá das humanidades e das belas-artes.

Ogum

Ogum é a divindade do ferro e de tudo que o ferro se torna. É o patrono dos ferreiros, caçadores e guerreiros. É também a divindade de limpeza de caminhos, especificamente com relação à construção de civilizações. É também descrito como a divindade da mecanização. Ogum é a essência da justiça divina e da verdade na Terra. Devotos juram a ele em reverência solene. É conhecido por sua percepção aguda do coração humano. É o libertador e executor no mundo.

Iemanjá

Iemanjá é a divindade de todos os oceanos. É considerada a mãe de todos os orixás e expressa sua maternidade nos domínios terreno e celestial. É a matriarca do universo cósmico. É o líquido amniótico no útero da mulher grávida, assim como nos seios que nutrem. É conhecida por ser muito austera e temperamental, e expressa as energias protetivas da força feminina. Sendo da essência terrena, é proficiente nas artes secretas e as usará para proteger seus devotos.

Iansã

Iansã é a divindade que guarda o cemitério. Mais especificamente protege as almas dos que partiram durante sua jornada adiante. É vista como uma guerreira com grande força. É independente, mas está usualmente na companhia de sua contraparte, Xangô. Iansã é reconhecida por suas habilidades físicas que manifesta nos ventos. É a deidade da tempestade e dos furacões. É muitas vezes vista como a deidade da morte, mas, numa compreensão mais profunda, é a deidade do renascimento, uma vez que as coisas devem morrer para que novos começos surjam.

Xangô

Xangô é o *alafin* (governante) deificado da Iansã medieval, que dizem ter se enforcado por sua excessiva complacência. Sua elevação ao domínio de orixá foi originada por seus seguidores devotos. Eles o fundiram com a deidade da iluminação e retribuição feroz conhecida como jakuta. Seu símbolo é o duplo machado colocado sobre a cabeça das estátuas sagradas ou cajados de dança (ọṣe Ṣango). Xangô é o orixá do tambor e da dança. Possui a habilidade para transformar substâncias básicas naquilo que é puro e valioso. Seus devotos o abordam para problemas legais, proteção contra inimigos e para melhorar situações ruins. Visto muitas vezes como em parte terreno, Xangô é reverenciado e seriamente ouvido, pois fala somente uma vez e tende a ser temperamental.

> Na África, acredita-se que divindades ou deuses sejam personificações de atividades e manifestações de Deus. Essas são também discerníveis em fenômenos e objetos naturais, espíritos da natureza, heróis deificados e figuras mitológicas (Duko, 1990, p. 4).

À medida que o estudo dos orixás se intensifica, fica aparente que a natureza é um veículo para a consciência divina. De acordo com a crença iorubá, os orixás eram enviados por Olodumarê para controlar as forças da terra líquida para pôr em movimento a evolução. Ogum criou a corrente de ferro da qual descenderam. Oxalá formou os corpos físicos a partir do barro. Seu lugar de chegada foi *Oke Ara*: a Colina de Maravilha.

Os orixás são examinados nas tabelas 3, 4 e 5 adiante. As descrições mostram visões concisas daqueles atributos mais geralmente relacionados pelos praticantes do Novo Mundo. A noção geral é a de que o envolvimento com os orixás termina aqui. Aspirantes que proclamam suas afiliações com base em intenções mundanas devem evitar ilusão. A ilusão leva à feitiçaria ou à manipulação do axé a fim de satisfazer o si-mesmo inferior. Quando devotos estudam os orixás devem permanecer fiéis aos objetivos principais da fé iorubá – expressar iwa-pele (caráter divino, intenção e atitude). Devotos não devem manter noções preconcebidas sobre o que são os orixás; tampouco devem tentar "agir como" o orixá. O objetivo do envolvimento iorubá é claramente expresso por Orumilá o profeta: iwa-pele (caráter divino e equilibrado), iwa-l'ewa (unidade com todas as coisas) e iwa-l'aiye (viver corretamente sem regressão). A culminância desses princípios na vida de alguém significa se tornar um eniyan gidi (humano transcendental). Além disso, os devotos de Ifá/Iorubá devem trabalhar séria e incansavelmente para fazer o mundo progredir a um estado de bondade transformada ou ipo rere.

Os orixás – como mensageiros, auxiliares e patronos – "atuam por meio" dos devotos com o único propósito de transformação, purificação e esclarecimento dos devotos. O axé dos orixás é canalizado pelos devotos por meio de um processo conhecido como *aba*. Quando um orixá "monta" em um(a) devoto(a), várias características desse orixá são manifestadas e o "cavalo" é visto como uma encarnação divina do orixá e respeitado como tal. Quando os Iorubás começam a expandir sua consciência, mais orixás são revelados de maneiras cada vez mais profundas.

Vários outros orixás com seus atributos são apresentados abaixo:

Olocum: orixá das profundezas do oceano.

Oxossi: orixá de guerreiros e caçadores.

Oxum: a auxiliar dos babalawos que simboliza saúde, sabedoria e proteção.

Ibeji: gêmeos que simbolizam o aspecto dual do cosmos.

Obá: orixá do rio; deusa do lar.

Aganju: orixá do vulcão e do centro da Terra.

Ocô: orixá da agricultura.

Erinlé: orixá da medicina.

Ossain: orixá das plantas e ervas.

Obaluaiê: orixá da doença e das epidemias.

Tabela 3: Os sete principais orixás e seus atributos

Orixá	Atributos
Oxalá	Criador da forma humana, ancião dos orixás, sabedoria, pureza, moralidade, estratégia, inteligência elevada, pacificador, pai, deus do tecido branco, prata.
Elegba	Mensageiro dos orixás, das oferendas e sacrifícios, policial da cosmologia iorubá, guardião das encruzilhadas, portador do axé (poder) entre os orixás, pedra de laterita.
Ogum	Orixá do ferro, da guerra, criador de civilizações, coragem, força, justiça e juramentos, executor, abre-caminhos, força, estabilização, segurança, proteção, veículos e ferramentas.
Iemanjá	Maternidade, mãe das águas, família, sexualidade, feitiçaria, águas primais, cuidadora.
Oxum	Sensualidade, belas-artes e humanidades, amor, beleza, graciosidade, graça, dinheiro, feitiçaria, luxúria, bronze, deus, búzios, rios, intuição, divinação.
Xangô	Majestoso, imponente, orador, feiticeiro, virilidade, dança, música (tambores), masculinidade, negócios, fogo, relâmpago, pedras, protetor/guerreiro, magnetismo.
Iansã	Tempestade, guardiã do cemitério, ventos de mudanças, guerreira, furacões, tormentas, morte, progressão.

Tabela 4: Correspondências dos orixás com sua cor, número e ambiente natural

Orixá	Cor	Número*	Ambiente natural
Oxalá	Branco	8, 24	Montanhas, bosques
Elegba	Vermelho e preto; branco e preto	1, 3, 21	Bosques, encruzilhadas, portais
Iemanjá	Azul e cristal	7	Oceanos, lagos (água salgada)
Oxum	Amarelo	5	Rios, lagos (água doce)
Ogum	Verde e preto	3	Ferrovias, bosques, forjas
Xangô	Vermelho	6, 12	Lugares atingidos por relâmpagos, base de árvores
Iansã	Marrom-avermelhado, ferrugem, tons terrosos	9	Cemitério, lugares atingidos por furacões, tormentas

* Os números dos orixás podem incluir também seus múltiplos. As cores também podem ser consideradas em tons.

Tabela 5: Correspondências fisiológicas

Orixá	Correspondências físicas
Oxalá	Cérebro, ossos, fluidos brancos do corpo
Elegba	Sistema nervoso simpático, sistema nervoso parassimpático
Iemanjá	Útero, fígado, seios, glúteos
Oxum	Sistema circulatório, órgãos digestivos, sistema de eliminação, área púbica
Ogum	Coração, rins (glândulas adrenais), tendões e nervos
Xangô	Sistema reprodutivo, medula óssea, força viva
Iansã	Pulmões, passagens bronquiais, membranas mucosas

Ewe

O uso das *ewes* (ervas e plantas medicinais) é uma área de grande ênfase nessa religião. Ervas são usadas para curar e para propósitos espiritualmente empoderadores. Em Iorubalândia as ervas são coletadas pelos sacerdotes e/ou pelos vários tipos de herboristas que habitam as regiões. As ervas são muitas vezes disponibilizadas à população ou pela prática privada ou em um mercado. No Novo Mundo, aspirantes também são orientados às ervas.

Há vários herbanários em cidades grandes nas Américas. Lá, os sacerdotes e devotos buscam esses lugares para obter ervas para banhos, artefatos religiosos, leituras, bebidas etc. A maior parte dos herbanários é administrada por latinos e alguns por haitianos, mas nenhum é limitado com relação à clientela. Nigerianos e povos de outros países africanos começaram a estabelecer negócios em uma quantidade cada vez maior em uma escala global. Além disso, há a disseminação de informações e materiais via internet e mídia social.

Os ewes são para a "cura das nações", e várias lojas de alimentos os fornecem tanto em folhas como em cápsulas. Adeptos a práticas tradicionais são orientados a aplicar ervas antes de utilizar produtos sintéticos para cura. Inúmeros livros sobre fitoterapia estão disponíveis. Recomenda-se a exploração das possibilidades de uso herbário.

A Tabela 6 fornece exemplos das ewes baseadas em sua correspondência com os principais orixás. É melhor que aspirantes busquem a divinação antes de tentarem obter e preparar soluções herbais. É também aconselhável confiar em sacerdotes e herboristas para iniciar o processo de cura antes de se envolver com as propriedades e poderes das ervas.

Tabela 6: Os ewes e principais orixás

Orixá	Ewes para uso medicinal
Oxalá	Escutelária, sálvia, noz-de-cola, basílico, hissopo, verbena azul, salgueiro branco, valeriana
Elegba	Todas as ervas
Oxum	Cata-cuz [*yellow dock*], bardana [*burdock*], canela [*cinnamon*], damiana [*damiana*], anis [*Anis*], framboesa [*raspberry*], milefólio [*yarrow*], camomila [*chamomile*], lótus [*lotus*], jasmin [*jasmine*], erva-ursina [*uva-Ursi*], agatosmo [*buchu*], mirra [*myrrh*], equinácea [*echinacea*]
Iemanjá	Laminariales [*kelp*], baga de perdiz [*squawvine*], caulófilo [*cohosh*], dente-de-leão [*dandelion*], milefólio [*yarrow*], aloé [*aloe*], spirulina [*spirulina*], menta [*mints*], passiflora [*passionflower*], raiz de inhame selvagem [*wild yam root*]
Ogum	Eucalipto [*eucalyptus*], alfafa [*alfalfa*], espinheiro [*hawthorn*], sanguinária [*bloodroot*], salsa [*parsley*], agripalma [*motherwort*], alho [*garlic*]
Iansã	Verbasco [*mullein*], confrei [*comfrey*], casca de cerejeira [*cherry bark*], asclepíade [*pleurisy root*], erva-campeira [*elecampane*], balota [*horehound*], erva-estrela [*chickweed*]
Xangô	Tanchagem [*plantain*], palmeira de serra [*saw palmetto*], hibisco [*hibiscus*], fo-ti [*fo-ti*], salsaparrilha [*sarsaparilla*], urtiga [*nettles*], pimenta caiena [*cayenne*]

A forma geralmente aceita de preparar essas ervas é a seguinte. As ervas são acrescentadas sozinhas ou combinadas em uma chaleira com água ligeiramente fervente, e deixadas em infusão por aproximadamente 30 minutos antes de coar. A solução herbal remanescente é depois preparada como uma bebida. Em alguns casos, as soluções herbais são usadas de forma diluída para enemas. Nunca se deve acrescentar açúcar às soluções herbais. Mel ou limão podem ser usados moderadamente.

Omiero: banhos espirituais

Os banhos espirituais exigem o seguinte:

A

1. Que as ervas corretas sejam usadas. A fórmula é baseada em divinação pelos sacerdotes e sacerdotisas. O orixá ou egum que preside é determinado e as ervas correspondentes são obtidas e preparadas.

2. Que os banhos espirituais sejam continuados pelo número de dias especificado. O número pode variar de 1 a 21 dias. Isso também é determinado pela divinação ou leitura.

3. Durante o período especificado para os banhos espirituais a alimentação deve ser leve, deve haver abstinência sexual, equilíbrio emocional e nenhum uso de bebidas alcoólicas. Preces e afirmações diárias também devem ser feitas.

4. Antes dos banhos espirituais certifique-se de que o espaço seja estabelecido. Há várias coisas que vocês necessitam fazer a fim de se prepararem.

B

1. Você necessita de um lençol branco ou de uma toalha grande branca para se enrolar e de um tecido branco para cobrir sua cabeça imediatamente após o banho.

2. Seu espaço deve ser depurado com incenso.

3. A banheira, pia e vasilha em que será realizado o banho espiritual devem ser limpa. Outras áreas envolvidas também devem ser limpas.

4. Velas brancas devem ser acesas no banheiro e em outras áreas envolvidas.

5. Silêncio ou sons meditativos devem predominar.

6. Mantenha o banho espiritual no refrigerador quando não estiver em uso, e sempre identifique a garrafa!

C

1. O banho espiritual não exige que você se sente em uma banheira. Isso é uma imersão e deve ser especificamente prescrita pelo divinador ou herborista. A solução herbal deve ser diluída com água na proporção de 12:1 ou 8:1. (Por exemplo: 12 partes de água para 1 parte de solução herbal.) A água deve ser fria ou morna; nunca quente. Misture a solução herbal antes de colocá-la na *igba je* (bacia ou cuia). Não importa, realmente, qual vai primeiro, mas é mais fácil primeiro medir a solução e depois acrescentar a água.

- Tome um banho de banheira ou de chuveiro com sabões e xampus naturais.
- Seque-se (opcional).
- Ajoelhe-se em reverência ou permaneça em pé em convicção na área da banheira ou do chuveiro.
- Coloque, gentilmente, a solução herbal diluída sobre seu corpo. Ore em voz alta ou em silêncio por paz e proteção.
- Seque-se levemente, enrole-se no lençol branco e cubra seu cabelo com o tecido.
- Limpe a banheira, vasilha ou pia, esfregando-a com um produto de limpeza suave.
- Retire-se para estudo, meditação ou apenas para um tempo em silêncio. Relaxe.

Observação: Os momentos mais apropriados para tomar um banho espiritual são as primeiras horas da manhã cedo ou o fim de noite. Você pode tomar um banho de banheira ou de chuveiro regular ao menos quatro horas antes, se necessário. Irmãs, se vocês estão menstruando ou grávidas, peçam ao divinador para verificar especificamente se não há problema em vocês tomarem um banho de banheira ou de chuveiro espiritual durante esses períodos.

Banhos espirituais são feitos, basicamente, colocando-se ervas específicas em um pote de água aquecida (cf. Tabela 7 para ervas específicas e seu orixá correspondente). As ervas são então fervidas. Após a fervura das ervas (que libera o axé), essas são coadas. A solução remanescente constitui o banho espiritual. Várias substâncias como *efun* (terra sagrada) e óleos são acrescentados para aumentar o axé se necessário. A constituição do banho é conhecida como *omiero*.

Preces são feitas sobre as ervas enquanto estão sendo preparadas. Ossain, a divindade/orixá da botânica e da fitoterapia, é invocada de modo que os elementos de cura sejam disponibilizados. Um encantamento para Ossain é *Aṣe omo Osain, ewe Aye*: "O poder dos filhos de Ossain, das plantas da terra".

Banhos espirituais são sugeridos a devotos que necessitam ser depurados de influências negativas que impactam sua aura ou essência. As propriedades herbais são absorvidas nas dimensões humanas e auxiliam na dissipação de influências negativas. Banhos espirituais também podem ser prescritos como preventivos a esse respeito. Muitas formas de iniciações iorubás envolvem o banho de iniciados no ewe a fim de aumentar seu axé. Objetos religiosos também são banhados em omiero como uma parte da consagração desses objetos.

Tabela 7: Ewe (ervas) para banhos espirituais

Orixá	Inglês (*herbs* [ervas])	Espanhol (ervas ou plantas)
Oxalá	*sweet basil* [manjericão doce], *tropical almond* [amendoeira-da-praia] *green calalu* [callaloo verde] *wild tobacco* [tabaco selvagem] *sage* [sálvia]	*albahaca* [alfavaca], *almendra* [amêndoa] *bledo blanco* [amaranto branco] *salvia* [sálvia] *salvia-de-castilla* [sálvia] paraiso *sauco blanco* [sabugueiro] malva *aguinaldo blanco* [aguinaldo branco]
Elegba	*balmony* [cabeça-de--tartaruga-branca] *guava* [goiaba] *tobacco* [tabaco] *sugarcane* [cana-de-açúcar]	*amansa guapo* *guayaba* [goiaba] *tabaco* *cano* *abre camino* [abre-caminho] *mejoran* [manjerona] *almaceyo* *espartillo* [spartina] *albahaca*
Ogum	*eucalyptus* [eucalipto] *tobacco*	*eucapypto* [eucalipto] *tabaco* *siempre viva* [sempre-viva] *maravilla* [maravilha] *romerillo*
Iansã	*royal poinciana* [flamboyant]	*flamboyan* *cucaracha* [verbasco das mariposas] *caimito* *yucca* [iúca]
Iemanjá	*oregano* [orégano] *plantain* [tanchagem] *spearmint* [hortelã-verde] *laurel* [louro]	*marjorama* [manjerona] *platano* [banana] *yerba buena* [hortelã-verde] *verbena* *canutillo* [trapoeraba] *cucaracha*

Orixá	Inglês (*herbs* [ervas])	Espanhol (ervas ou plantas)
Oxum	*papaya* [mamão] *wild lettuce* [alface selvagem] *bonset* *cinnamon* [canela]	*lechosa* [leiteira-serrada] *rompe saragüey* *caisimón* *cassava* [mandioca] *boton de oro* [botão-de-ouro] *abre camino* *sauco blanco* [sabugueiro]
Xangô	*sacred ficus* [ficus sagrado] *spanish* *mahogany* [mogno] *cedar* [cedro] *African teak* [teca africana] *plantain* *bonset* *sugarcane* *sarsaparilla* [salsaparrilha] *camwood* [sândalo africano]	*alamo* [álamo] *coaba* *cedar* [cedro] *ceiba* *platano* [banana] *rompe saragüey* *cano* *zarzaparilla* [salsaparrilha]

O orixá interno

O propósito mais elevado do esoterismo é o da internalização de conceitos, filosofias e práticas rituais/religiosas. Internalização é o processo que leva os devotos a estágios de desenvolvimento baseados no crescimento interior e na compreensão. Se nenhuma prática ou doutrina religiosa foi internalizada, então a mudança não é possível, especialmente, de um ponto de vista espiritual ou religioso.

Questões teosóficas como onde os orixás literalmente habitam surgem quando devotos começam a sentir o desdobramento dos atributos divinos de um orixá a partir de dentro. As respostas são relativamente simples: Sim, os orixás habitam na existência humana. Tradições orientais e ocidentais sustentam que os santos – entidades sagradas, profetas, anjos, avatares etc., têm um ponto focal nas vastas dimensões da mente e do corpo humanos. Chacras de ioga, como rodas internas de energia que existem no corpo físico/espiritual, são examinadas sob essa luz. Além disso, considera-se que as divindades hindus também estejam situadas no centro de cada chacra. Por isso, a correspondência aos orixás como divindades internas.

Através da experiência e pesquisas efetivas, observou-se que nos chacras – independentemente de persuasão cultural – existem psico-hormônios, plexos nervosos e divindades culturalmente definidas. Os chacras, os orixás e os modos comportamentais relacionados a eles são apresentados nas figuras 2 até a 9. Com estudos, torna-se evidente que os modos chacra, como seus deuses hindus (uma vez mais, culturalmente definidos), correspondem aos atributos dos orixás[1]. Chacras também existem no budismo e no taoismo.

Figura 2: Os chacras do corpo humano

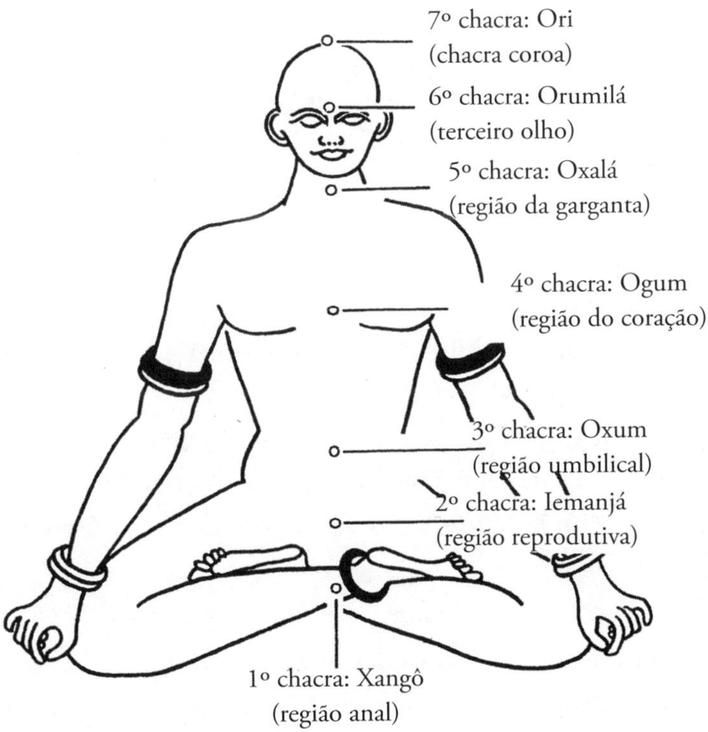

1. Informações com relação aos chacras são adaptadas de Johari (1987).

Figura 3: O primeiro chacra

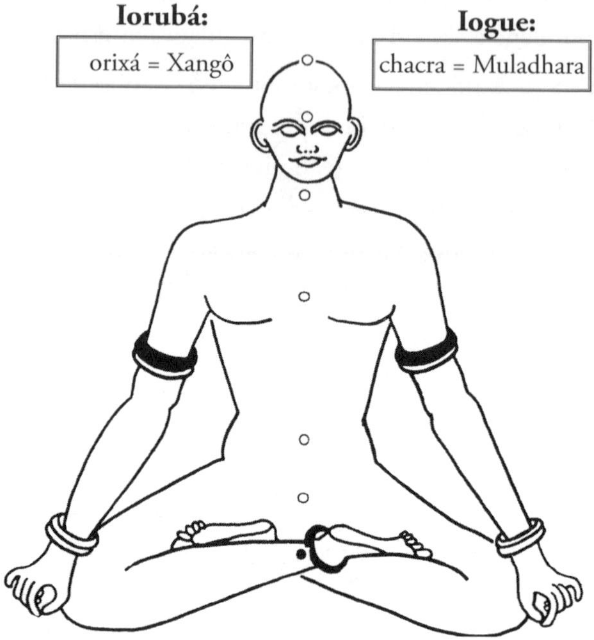

Objetivos:

1) Relaxe tensões a fim de reduzir o carma e os envolvimentos humanos.
2) Refine órgãos dos sentidos de modo que confusão e dor não sigam a busca de gratificação temporária.
3) Evite poluir os órgãos dos sentidos com excesso de complacência.
4) Comece a agir sabiamente e com moderação.
5) Busque libertação dos domínios inferiores.
6) Evite comportamento violento baseado na insegurança.
7) Motive-se para o autodesenvolvimento.

Figura 4: O segundo chacra

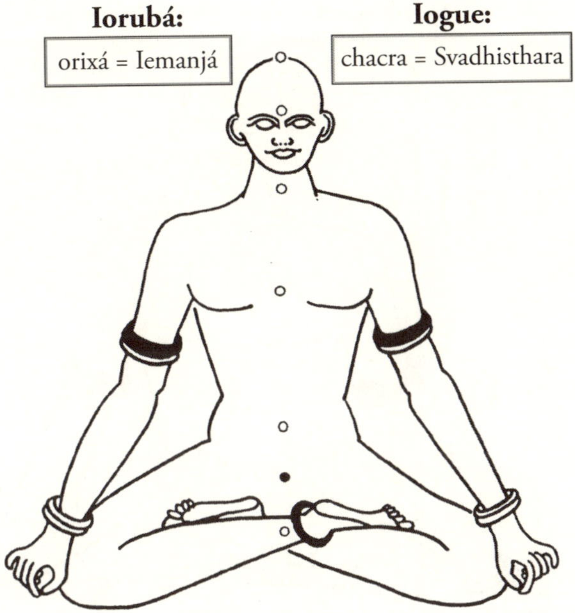

Objetivos:

1) Observe e estude o efeito da lua sobre as emoções.
2) Riqueza financeira deveria preceder a satisfação de desejos sensuais e vida sexual.
3) Liberte-se de emoções básicas como raiva, inveja e ganância.
4) Lembre-se sempre de que uma mente negativa traz desastre.
5) Evite ser exageradamente possessivo.
6) Regule necessidades primais a fim de manter sua saúde.
7) Eleve a consciência por meio das belas-artes e ofícios.

Figura 5: O terceiro chacra

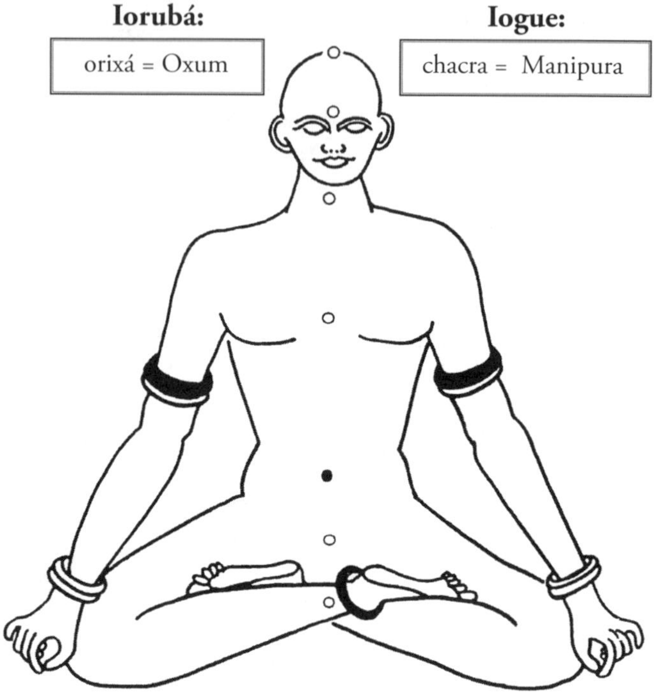

Objetivos:

1) Reconheça que usar a raiva para controlar outros leva a fracasso no longo prazo.
2) Reflita mais sobre as consequências das ações.
3) Evite vaidade e falso orgulho.
4) A motivação é estimulada pela necessidade de reconhecimento, imortalidade e poder.
5) Tente desenvolver um ego e uma identidade positivos.
6) Preste serviços caridosos e altruístas.
7) Deixe que o amor e a compaixão irradie de você.

Figura 6: O quarto chacra

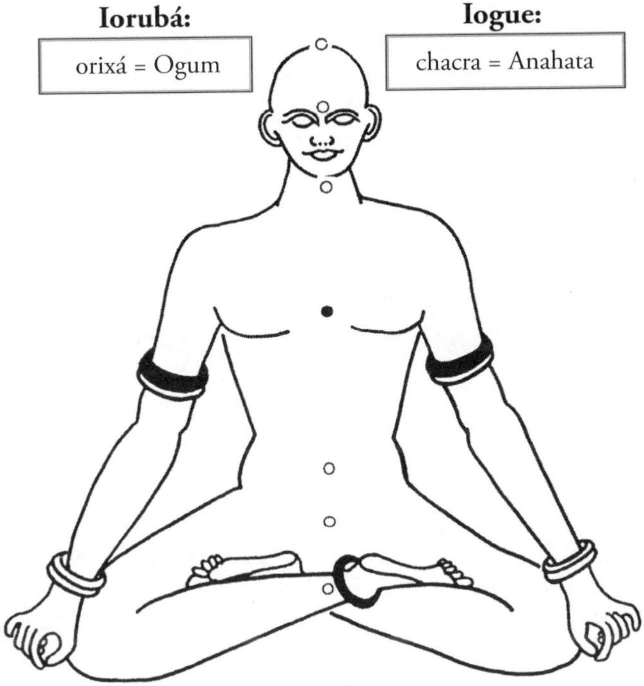

Objetivos:

1) Desenvolva um senso de consciência e sensibilidade.
2) Enfatize um senso de pureza, inocência e magnetismo.
3) Reflita sobre sons interiores (nada yoga).
4) Esforce-se para se tornar independente e autoemanante.
5) Esforce-se para atingir sabedoria e força interior.
6) Busque controlar a respiração e o ritmo cardíaco.
7) A pureza de relações vem através do equilíbrio interior das energias masculinas e femininas.

Figura 7: O quinto chacra

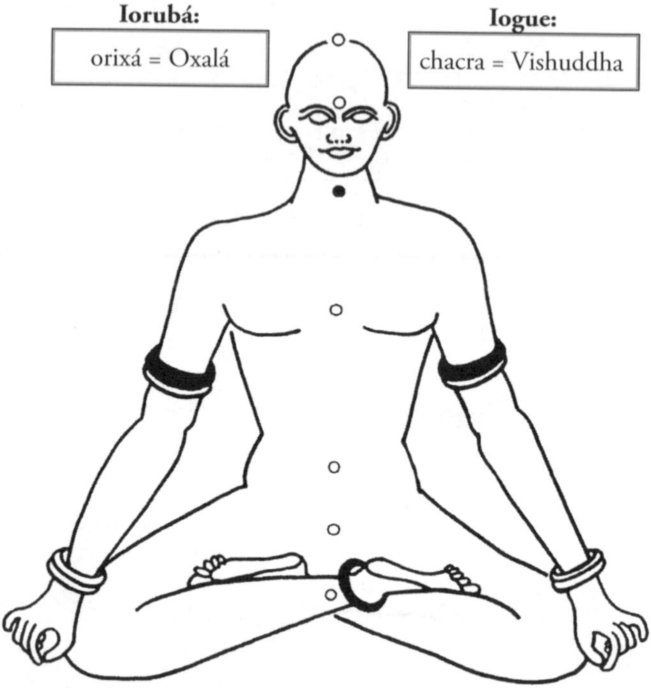

Objetivos:

1) Purifique seu som para afetar ouvintes de um modo positivo.
2) Desperte a consciência do conhecimento eterno.
3) A razão suprema deve superar as emoções do coração.
4) Use energia psíquica e clarividência para comunicar sem palavras.
5) Evite o pensamento negativo e use seu conhecimento sabiamente.
6) Assuma o controle do si-mesmo inteiro.
7) Concentre-se no mecanismo de resfriamento (chacra da garganta).

Figura 8: O sexto chacra

Iorubá:

orixá = Orumilá

Iogue:

chacra = Ajna

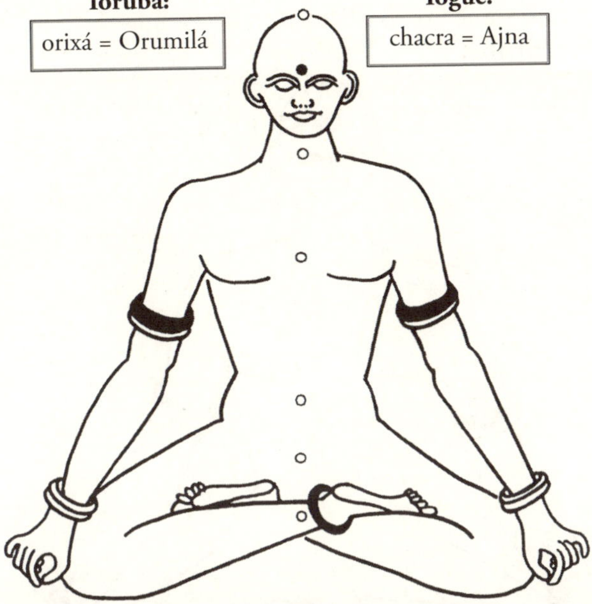

Objetivos:

1) Medite sobre o terceiro olho para erradicar pecados e impurezas.

2) Você revela o divino interior; você reflete a divindade dentro de outros.

3) Pratique a austeridade para produzir a unidade cósmica.

4) Mantenha equilíbrio adequado por meio da devoção espiritual.

5) Torne-se focado. Transforme-se além das forças negativas que puxam em muitas direções.

6) Você pode interpretar os significados internos das leis cósmicas. Você pode gerar escrituras.

7) Você tem a habilidade para induzir visões do passado, presente, futuro.

Figura 9: O sétimo chacra

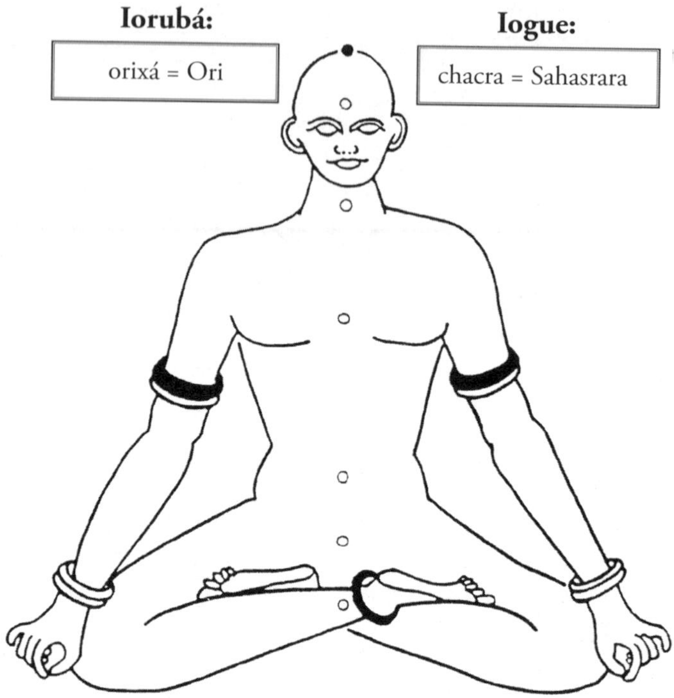

Objetivos:

1) Esforce-se para atingir o guru interior. Por meio da consciência, a pessoa é capaz de atingir a unidade de todas as coisas.
2) Esforce-se para perder a ilusão do si-mesmo individual. Aperceba-se de que os princípios cósmicos que governam o universo inteiro também estão dentro de você.
3) Esforce-se para sentir o divino e perceba completamente a divindade interior.

As palavras seguintes na fé e prática iorubás levam a percepções meditativas relativas:

1. Sise awo – treinamento no culto metafísico
2. Ikoso – autocontrole
3. Ifaiyabale – volição pacífica e não violência
4. Iwe mimo – ensinamentos espirituais
5. Balaga – o estado de consciência quando surge pela primeira vez
6. Isaro – meditação
7. Iwa-pele – sinceridade e honestidade profundas do si-mesmo; comportamento divino
8. Idake roro – o discípulo do silêncio
9. Imoye – conhecimento
10. Da ma – aquietação dos sentidos
11. Olumoye – guru/instrutor espiritual
12. Eewo – comportamentos indesejáveis que mantêm a pessoa na carne e vinculada ao terreno
13. Ajaga – juntar (como nos oito estágios da ioga)
14. Apere – unidade com todas as coisas; libertação dos desejos terrenos
15. Aba – o ato de dirigir o axé ou energia universal
16. Toro – tranquilidade

Como em outras religiões, os devotos iorubás não são, como um todo, relegados a apenas uma forma de vida e prática. Adeptos, devotos e sacerdotes/sacerdotisas estão – e podem/deveriam estar – envolvidos em artes marciais, ioga, tai chi, exercícios físicos, nas forças armadas etc. Como resultado, as possibilidades de análise comparativa se tornam uma ocorrência natural. Dizer que os Iorubás, como civilização, tinham apenas sacerdotes e sacerdotisas que auxiliavam orixás é impreciso. Claramente havia comerciantes, soldados, médicos, educadores, músicos, engenheiros, agricultores, alfaiates, e assim por diante. E cada pessoa tinha graus maiores ou menores de acesso à ciência metafísica da época. Todavia, independentemente de sua ocupação ou profissão, as massas estavam envolvidas na religião e no ritual do que agora chamamos Ifá ou Iorubá. Compare essa visão com qualquer outra civilização ou cultura; por exemplo, nem toda pessoa chinesa era um monge budista shaolin.

Prece

> A prece é o meio pelo qual a convicção de que Deus existe se torna instilada. Deus se torna, através da prece, uma força viva na vida dos humanos. A convicção real de que Deus existe chega aos humanos não pela crença de que há um Deus no mundo exterior, mas na realização do divino dentro de nós; e essa realização é obtida por meio da prece... A prece gera uma força moral que não só muda nossas vidas, mas as vidas de outros (Ali, 1938, pp. 11-14).

Na religião iorubá, a *adura* (prece) é muito importante. Fazer súplicas ao seu ori, aos ancestrais, aos orixás, a Orumilá e a Olodumarê é uma parte essencial do culto iorubá. Devemos compreender que preces às divindades são para a purificação e elevação das qualidades humanas básicas. A forma mais elevada de prece é a dos devotos que pedem apenas transcendência e proteção contra forças negativas. Por meio da prece sincera, devotos são mais aptos a passar pelos domínios inferiores e atingir estados celestiais.

Sacerdotes/sacerdotisas iorubás são orientados a auxiliar devotos que experienciam processos celestiais e terrenos. Preces às deidades por gravidez, finanças, emprego, casamento, e assim por diante, caem sob tribulações terrenas. Preces são vozes fortes contra forças terrenas opressivas que limitam a estabilidade e o crescimento humanos. Ao "convocar" os céus os sacerdotes emprestam suas vozes ao éter eterno. Pelo poder da prece, buscam produzir mudanças. Os anfitriões celestiais são ativados para combater ou aplacar as forças prejudiciais.

Produzir essas mudanças com o propósito único de ganhos mundanos é considerado feitiçaria. Prece e feitiçaria – embora de construção similar – não são sinônimas. É de certo modo ilógico para a psique divina colocá-las juntas. Quando a prece está conectada ao desenvolvimento sagrado dos devotos, surge um senso de divindade. Esse divino que surge não está presente quando a intenção de devotos está conectada à feitiçaria; claramente, o oposto ou demoníaco é desencadeado. Idealmente, a prece produz intervenção divina e melhoramento da pessoa dos devotos. A feitiçaria não. Se claramente examinada, podemos concluir que a feitiçaria produz o oposto do desenvolvimento transcendental. A prece, certamente, amplia-o. É por isso que os sacerdotes constantemente dirigem as pessoas ao caminho do divino. As pessoas não devem ser vitimadas pelas forças da feitiçaria e da ilusão. É como dizer "ore ou seja predado" – em outras palavras, ore ou seja vitimado por forças disruptivas.

É importante estabelecer horas e lugares específicos para orar. Isso disciplina a mente, que deve estar clara e focada a fim de fortalecer a iniciativa. O alvorecer, logo após o despertar, é especialmente um bom momento para orar, uma vez que a mente e as emoções ainda não foram envolvidas no mundo. No crepúsculo, o ori está claro e a consciência do corpo está mais aberta às forças criativas da luz e da energia. Orar antes de ir dormir também é potente. Nesse momento, os aspirantes purgam o ori das experiências do dia e estão preparados para repousar das tribulações mundanas. A essência do espírito é redespertada e mantida ao longo dos estados oníricos subconscientes.

Para tradicionalistas iorubás, estabelecer a atmosfera própria para orar é importante. Velas, incenso e potes com água e frutas fornecem a essência espiritual que usualmente envolve um lugar de prece ou reverência. Instrumentação musical também desempenha um grande papel no estabelecimento da atmosfera. Devotos iorubás incluem tambores, chocalhos, sinos, palmas e canto na diretiva de prece. As preces são geralmente cantadas ou entoadas em ritmo e harmonia com a música. Quando preces são feitas sob a forma de canções de enaltecimento, são chamadas *oriki*. A oriki, mais especificamente, fala sobre os atributos e poderes das deidades.

Devotos são preparados para aprender preces específicas para suas deidades pessoais sob os auspícios de seus sacerdotes. Os novatos não devem se estender em demasia no desejo de aprender todas as preces. É melhor compreender o que pode ser compreendido e se aprofundar. As preces das páginas seguintes para o orixá são um meio de fortalecer sua religiosidade através da comunidade celestial.

Embora preces sejam feitas nos santuários ou altares do orixá determinado, de modo algum isso é uma limitação. Preces podem ser feitas a qualquer momento e em qualquer lugar propício à elevação do si-mesmo e do espírito de alguém.

Ori

Meu Ori, és tu.

Ori, saúdo-te, tu, que sempre lembras de teus devotos, tu, que dás bênçãos a teus devotos mais rapidamente do que outras deidades.

Nenhuma deidade abençoa alguém sem consentimento de seu Ori.

Uma pessoa cujo sacrifício é aceito por seu Ori deveria se regozijar excessivamente.

Ori, por favor, não feches o portão.

É a ti que estou indo.

Vem e faz minha vida próspera.

É Ori que traz fortuna.

Exu

Exu, protege minha família.

Protege os iniciados do templo e a mim.

Não permitas que eu seja movido contra as pessoas.

Não permitas que as pessoas sejam movidas contra mim.

Concede-me vida longa.

Concede-me paz.

Concede-me a elevação de minha consciência.

Concede-me a habilidade de usar minhas mãos.

Exu, eu te saúdo.

Oxalá

Oriṣa'ala o grande, que possui o mundo, e a quem o controle do mundo deve ser atribuído.

Oxalá, Obatarisha, o orixá com autoridade, que é tão precioso como mel puro.

O orixá com força inesgotável, o herdeiro da reputação cuja grande fama não diminui sua autoridade.

Oxalá, salva-me!

A gente espera salvação de nosso orixá.

Não sei como me salvar.

Oxum

Oxum, que é cheia de compreensão.

A mãe mais graciosa, Oxum, a orixá mais graciosa.

Aquela que possui grandes seios robustos, que acalma as crianças com ornamentos de bronze.

Onikii, que conhece os segredos dos cultos, mas não os revela.

Aquela que possui um trono fresco e frio.

Aquela que enterra dinheiro na areia.

A mãe graciosa, a rainha das águas do rio que se move insone.

Aquela que dá água curativa de graça.

Aquela que não tem ossos nem sangue.

Ayila, salva-me!

A gente espera salvação de nossa deidade.

Não sei como me salvar.

Presto homenagem a Oxum, axé.

Iemanjá

Iemanjá, mãe dos peixes, mãe das águas sobre a Terra.

Nutre-me, minha mãe.

Protege-me e me guia.

Como as ondas do oceano, elimina as provações que carrego.

Concede-me filhos.

Concede-me paz.

Não permitas que os feiticeiros me devorem. Não permitas que as pessoas más me destruam.

Iemanjá, mãe de todos, nutre-me, minha mãe.

Xangô

Xangô chegou. Permita que todo ente humano venha e veja.

Xangô, não brigue comigo.

Não sou um daqueles que está contra ti.

Há duas soluções para um problema; Xangô, por favor, resolva-o.

Obakoso, o rei poderoso, meu senhor, o dono dos grandes tambores reais, protege-nos do infortúnio, protege-nos da doença, permita que experienciemos as coisas calmas e gentis da vida.

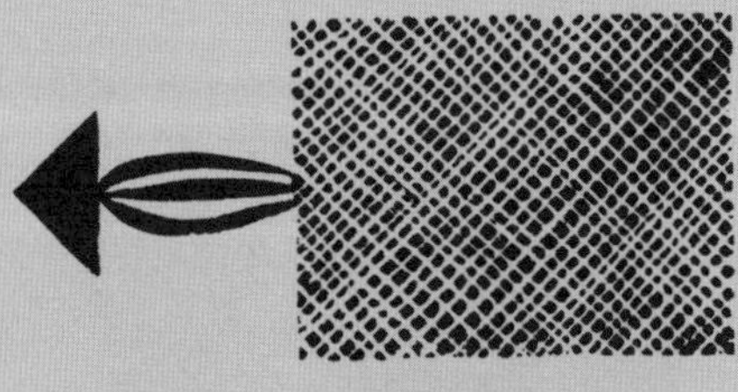

Ogum

Ogum o poderoso, suficientemente grande para se colocar diante da morte.

Aquele que torna os entes humanos prósperos.

Aquele que não é enriquecido por Ogum achará difícil obter nozes de cola sacrificiais.

Ogum, enriquece-me.

Ogum o poderoso, o forte da Terra, o grande do além-mundo, o protetor daqueles que estão sendo prejudicados.

Ogum, apoia-me.

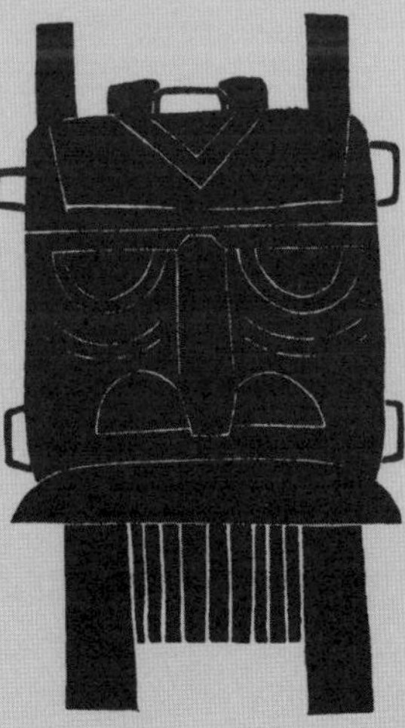

Iansã

Tão poderosa quanto o vento forte, mais feroz que a tempestade, Iansã, protege minha alma contra os muitos dedos do mal.

Ajuda-me a permanecer sobre a Terra, livre de tensões e de frustração excessiva.

Iansã, guerreira do vento, não permitas que nossa terra seja invadida por destruidores.

Não permitas morrermos com dor e tristeza.

Estende tua arma para nos proteger da destruição.

Iansã, que possamos viver e morrer para viver novamente.

Iansã, que nossas vidas possam ser longas e nossa morte breve.

Orumilá

Orumilá, testemunha do destino segundo Olodumarê, tu és mais eficaz do que remédio.

Tu, a imensa órbita que impede o dia da morte.

Meu senhor todo-poderoso para salvar o espírito misterioso que combate a morte – a ti, a devida saudação é a primeira da manhã.

Tu, equilíbrio que ajusta as forças mundanas, tu és aquele cujo esforço é reconstruir a criatura má.

Reparador do infortúnio – aquele que te conhece se torna imortal.

Meu senhor, o rei indestituível, perfeito na casa da sabedoria, infinito na casa do conhecimento; por não te conhecermos completamente, somos fúteis.

O, se ao menos pudéssemos te conhecer completamente, tudo estaria bem conosco.

Ojubo: lugares sagrados de culto

Os Iorubás se referem aos lugares sagrados principalmente como *ojubo* (o lugar do culto). Se o lugar do culto é consagrado a um orixá, é chamado *ile orișa* ou *oju orișa*. Se é para os ancestrais – um santuário ou altar ancestral –, então, é chamado *oju egun*. A compreensão importante que necessita ser atingida é, como Awolalu afirma:

> A multiplicidade de santuários destaca o fato de que um santuário não é uma morada permanente ou única de uma divindade... Quando a divindade é invocada, acredita-se que estará presente para se encontrar com os cultuadores [independentemente do local] para receber suas preces e oferendas, e para os abençoar (Awolalu, 1979, p. 114).

Os aborixás (devotos) geralmente apresentam oferendas enquanto oram aos orixás. Os *ile* (templos, ou "casas", como são conhecidos no Novo Mundo) contêm os santuários de um orixá particular ou grupo de orixás. Devotos frequentam os templos e são assistidos por ordens sacerdotais por meio de preces, oferendas, sacrifícios e rituais. Todavia, como afirmado antes, não é necessário que preces e oferendas sejam feitas apenas em templos ou santuários; podem ser feitas no lugar natural da essência do orixá. A terra ou Onile é vista como um santuário sob esse aspecto. Devotos também podem buscar religiosamente os orixás nessa perspectiva.

Modos iorubás de colocar o corpo em posições de reverência são chamados *foribale*. *Moforibale* (coloco minha cabeça em direção ao chão) é o termo solenemente proferido por devotos quando prestam homenagem aos ancestrais, orixás ou sacerdotes e sacerdotisas. Homens e mulheres realizam o foribale diferentemente, mas essa não é uma afirmação de gênero. Se os devotos têm um orixá feminino como uma "orixá de coroa", então, o foribale é feito de um modo particular. Se os devotos têm um orixá masculino como um "orixá de coroa", então, outra forma de foribale é designada. É o gênero do orixá da pessoa que determina o foribale, não o da pessoa.

A prostração, ou deitar na posição pronada com a testa sobre o chão, diante do *ojubo* (santuário) ou de uma *elegun* (pessoa) montada ou possuída por um orixá, é feita, mais comumente, por aqueles que têm um orixá masculino; enquanto aqueles que têm um orixá feminino colocam o quadril e o ombro direitos no chão enquanto colocam a cabeça na mão direita e então trocam de lado. Todos os devotos se prostram diante de rainhas, reis, chefes, percursionistas, sacerdotes, os possuídos e babalawos. Ou se ajoelham ligeiramente, tocando a mão direita no piso ou chão. Além disso, há a *yikaa* (saudação ombro com ombro entre sacerdotes/sacerdotisas) – três vezes: direito, esquerdo, direito – ou entre os iyawos – duas vezes: direito, esquerdo. Há também o *kunle* (ajoelhar-se diante do santuário ou da pessoa com mais idade como uma posição de reverência, respeito e homenagem).

A ênfase da prece é a abertura do coração da pessoa à sinceridade ou devoção e de sua mente à forma de um *eniyan gidi* (autêntico ente humano). A posição física adotada é de importância secundária.

Ijuba: prestar homenagem

A libação ou *mojuba* (prestar homenagem) é uma faceta proeminente na reverência iorubá. A mojuba é feita antes de todos os eventos religiosos e sociais. Prestar homenagem ao orixá, aos ancestrais, a Olodumarê e aos instrutores ou aos padrinhos é um passo necessário que deve ser dado antes de encetar qualquer iniciativa.

A libação é geralmente realizada por aqueles da ordem sacerdotal. Se nenhum está presente, então, um aborixá pode realizá-la.

Se não for possível, então, quem estiver espiritualmente motivado pode fazê-lo. A *omi* (água) é o elemento usado na libação. O/a sacerdote/sacerdotisa derrama pequenas quantidades no piso, chão ou terra e recita a mojuba. Infrequentemente, *otin* (gin) é utilizado. A libação é ritualmente feita diante de santuários e no começo de cerimônias, iniciações e eventos culturais, no começo do dia etc. Os Iorubás prestam homenagem, assim como é feito em outras religiões no núcleo de sua fé. Por exemplo, os hindus têm as *surya namaskar* (saudações ao sol) e os muçulmanos oram ou fazem o *salat* na direção de Meca. De maneira similar, os Iorubás oram e prestam homenagem a *igigun merin aye* (os quatro cantos da Terra).

Igigun merin aye, mojuba re	Aos quatro cantos da Terra, presto homenagem
Olojo oni, mojuba re	Ao dono do dia, presto homenagem
Mo n ji bara mo fon	Desperto e apresento um corpo limpo
Orișa gbogbo, ka n pe	Todos os orixás, chamamos (vocês)
Alosun; 'lorun; 'labosun	O espírito da luz do dia; o espírito do sol; o criador da deidade que mantém a poeira divina
Ta ji wa	Que despertemos ao mundo e já o encontremos aqui

Nesse ponto, o sacerdote oferece incenso ou espalma as mãos aos quatro cantos, iniciando com *ile-orum* (leste), depois *iwa-orun* (oeste), *airwa* (norte) e, finalmente, *guusu* (sul). Isso é feito enquanto se canta *Olojo ni, iba ṣe* (Ao dono do dia, é feita reverência).

Mojuba

Mojuba	Presto homenagem
Omi tutu	Apresento água fria
Ile tutu	Apresento água fria ao templo
Ona tutu	Apresento água fria para a estrada
Tuto Eṣu	Apresento água fria a Exu
Tutu oriṣa	Apresento água fria aos orixás
Mojuba olorun, Mojuba Olofi Mojuba Olodumare	Presto homenagem aos vários aspectos do criador/Deus
Mojuba ibae egun gbogbo egun ibae	Presto homenagem aos ancestrais
Mojuba babal'oriṣa, iyal'oriṣa oluo ara Orun	Presto homenagem aos mortos que se curvam aos pés de Deus
Mojuba gbogbo iku nbelese Olodumare iba'iye Orun	Presto homenagem aos sacerdotes e anciãos do céu
Ki nkan ma se [profira os nomes de padrinhos, mentores, guias]	Ajudem-nos a evitar morte, doenças, perdas, estresse, obstáculos, paralisia, males, tragédias
Ariku Babawa	Permita-nos ver a morte, nosso pai
Ariku Iyawa	Permita-nos ver a morte, nossa mãe

Ijo ati orin: dança e canto

Entre os Iorubás, a expressão de culto através da dança e do canto é abrangente. Cada aspecto da religião encontra seu caminho por meio da incorporação humana, uma vez que o movimento e a vocalização abrem os devotos ao axé dos ancestrais ou aos orixás. Drewal escreve:

> por meio da dança, forças espirituais se materializam no mundo fenomenal. Considera-se que o

> deus monte nos devotos e, por um tempo, esses se tornam o deus... Estados de possessão e transe são muitas vezes expressos por meio da dança (Drewal, 1992, p. 23).

Como em outras expressões devocionais, são os sacerdotes/ sacerdotisas que dirigem e monitoram a dança e o canto do orixá. Eles devem conhecer os orixás e como se manifestam pelo veículo humano. Invocado por meio de seus padrões particulares de dança e canto, o orixá "monta" nos sacerdotes ou devotos. Os sacerdotes devem ser capazes de invocar e canalizar as forças curativas dos orixás para curar e levar a pessoa à *asuwada* (harmonia e progressão comunais).

A dança, com relação à religião, vai além da participação superficial em aulas de dança do orixá. A dança do orixá é uma forma de prece e empoderamento centrada no templo do corpo. A dança e a percussão do orixá não estão funcionalmente separadas do culto ao orixá, mas os tons, ritmos e chaves podem ser encontrados explicitamente na música secular africana ao redor do mundo.

Novatos na religião são preparados para aprender as danças e cantos sagrados. Muitas dessas formas vieram de interpretações do Novo Mundo como expressas pela santeria e pelo lucumi. Reuniões comunais frequentes fornecem oportunidades para dançar e cantar ao ritmo de tambores batas ou congas como um modo de louvar os orixás e invocar seu poder. A energia e os movimentos da dança refletem os atributos naturais dos orixás correspondentes. Oxalá é lento e concentrado; Ogum é forte e enraizado; Iemanjá é como as marés do oceano; Oxum é graciosa e expressa beleza; Xangô extrai relâmpagos do céu; Iansã é o redemoinho ou furacão; Elegba é equilibrador e flexível.

Algumas *orin* (canções) religiosas são apresentadas nas páginas seguintes para que devotos possam se unir melhor ao louvor comunal aos orixás. Há várias gravações e livros em iorubá (cf. Mason, 1992)[2]. Padrões rítmicos e melodias são mais interpretação do Novo Mundo do que o Iorubá propriamente dito. Devotos podem continuamente conferir seu acento próprio a fim de se sentirem elevados e em unidade com os estados celestiais de ser.

Elegba 1

Principal: Mojuba orisa, mojuba o, mojuba orisa

Coro: Ase, mojuba orisa (Autoridade, presto homenagem ao líder selecionado.)

Principal: Mojuba o, mojuba orisa (Presto homenagem ao líder selecionado.)

Coro: Ase mojuba orisa

Principal: Mojuba o, mojuba orisa

Coro: Ase, mojuba orisa

Principal: Iba orisa iba alaye o

(Homenagem ao líder selecionado, homenagem ao dono do mundo.)

Coro: Ase, mojuba orisa

2. As canções religiosas iorubás são parte da tradição orixá do Novo Mundo. Você pode encontrar algumas dessas canções em aulas de danças orixás ou em sua loja de música local na seção internacional.

Elegba 2

Principal:

Iba'ra'go mojuba

Iba'ra'go ago mojuba

Omode koni'ko s'iba'go ago mojuba

Elegba eṣu lona

Coro: Repita igual

(Homenagem aos parentes do clube.

Dê lugar, presto homenagem.

Criança que ensina a doutrina de prestar homenagem ao clube, dê lugar.

Presto homenagem ao dono da força vital [axé].

Exu é aquele que possui a estrada.)

Principal: *Alagongon 'laro, agongon 'laroye* elegba de ma da nki o

Coro: Repita igual

(Dono da rapidez, dos títulos de honra.

Dono dos títulos, de pés rápidos.

Vem, dono da força vital, mas não cumprimenta apenas a mim.)

Principal: Alagongon 'laro

Coro: Laroye

Principal: Alagongon 'laro

Coro: Elegba

Principal: Alagongon 'laro

Coro: Eṣu l'ona

Todos: Alagongon 'laro

Elegba 3

Principal:

Elegba o elegba nso yanga

Alaroye mo da nkio

Elegba nso yango

Coro: Repita igual

(Dono da força vital, dono da força vital, falando orgulhosamente.

Dono da comunicação, eu sozinho te saúdo.

Dono da força vital, falando orgulhosamente.)

Oxalá

Todos:

Baba fu ruru, l'ore're o.

Oka yeye elejigbo

Eleri'fa, gba si gba sa wo.

Ejigbo re re gba si gba wo

E nu aye, eya wa l'oro

Eya wa l'oro elese'ka

(Pai do tecido branco que surge e aumenta [como uma nuvem].

Dono dos lucros.

Honrado Boa, chefe honrado de Ejigbo.

O dono do líder da vantagem golpeia e golpeia [com uma vara] apenas observe

Chicotes de lucro de Ejigbo, golpeiam e golpeiam, observe.

Tu limpas o mundo.

Nossa tribo tem a tradição.

Nossa tribo tem a tradição como suporte de Boa.)

Todos:

E nu aye mi mo se o
E nu aye mi baba
E nu aye mi mo se o
E nu aye mi baba
Obatala ta winiwini se ku're
Gbogbo la nya se rere
(Tu enches o mundo de vida, o conhecimento vence.
Tu enches o mundo de vida, pai.
Rei do tecido branco, uma bênção.
Todos sonham em aquecer o fluxo da bondade.)

Orumilá

Principal: Orunmila talade; baba moforibale

Coro: Repita igual

(Orumilá possui a coroa; pai, ponho minha cabeça no chão.)

Egum

Todos:

Egun mojuba iba e
Egun mojuba iba e
Egun gbogbo mojuba iba e
Egun gbogbo mojuba iba e

(Presto homenagem aos ancestrais. Todos prestam homenagem aos ancestrais.)

Ogum

Todos:

Ogun de are're ire gbogbo lo o ku aiye

Ogun wa nile oke wa l'ona

Ire gbogbo lo o ku aye

(Ogum chega, detentor do título de Ire [cidade que fundou].

Todos de Ire proclamam: que tu possas viver para sempre no mundo.

Ogum vem ocupar a casa.

A montanha vem para ter a estrada.

Todos de Ire proclamam: que tu possas viver para sempre no mundo.)

Ori

Todos: Ori i mi, ori i mi, yo mi

(Minha mente [me] salva.)

Oxossi

Todos:

Oshoosi o mo mi wara wara oke oke

Oba 'loke o mo mi wara wara oke oke

(Oxossi, tu me conheces, aprecia [-me] rapidamente, aprecia [-me].)

Rei que possui a montanha, conhece-me rapidamente.

Aprecia [-me].

Aprecia [-me].)

Coro: Repita

Principal: Oshoosi ayilooda. Malamala de

Coro: Repita

(Oxossi, revolvedor que afasta a fome, o deslumbrante chega.)

Principal: Yaa be ileke iworo ode mata. ago olona

Coro: Repita

(Permite-nos solicitar rapidamente ao cuidador superior da tradição da caça, não atires. Abre caminho, dono do caminho.)

Principal: S'ire s'ire

Coro: Ode mata ore ore

Principal: Wole wole

Coro: Ode mata ore ore

Principal: Yi're yi're

Coro: Ode mata ore ore

(Desvela a bondade, desvela a bondade.

Caçador, não atires, amigo, amigo.

Entra na casa, entra na casa.

Caçador, não atires, amigo, amigo.

Dirige a bondade, dirige a bondade [para mim].)

Caçador, não atires, amigo, amigo.)

Oxum

Todos:

Iya mi ile odo

Iya mi ile odo

Gbogbo aṣe, o bi ni sala maa wo e

Iya mi ile odo

(A casa de minha mãe é o rio.

A casa de minha mãe é o rio.

Toda poderosa. Mulheres que fogem em busca de segurança habitualmente a visitam.)

Iya mi ile oro; iya mi ile oro

Gbogbo aṣe, ise mi saraa maa wo e

Iya mi ile oro

(Minha mãe, casa de tradição.

Minha mãe, casa de tradição.

Toda poderosa, meus feitos de caridade habitualmente te consultam.

Minha mãe, casa de tradição.)

Repita.

Todos:

Bi'mo Oṣun gba ile le

O su o. aṣe wole wu're

(Tu brotas abundantemente, sim. O poder entra na casa; aumenta a bondade.)

Repita.

Iemanjá

Principal:

Yemoja ase'sun, ase'sun yemoja

Yemoja ase'sun, ase'sun yemoja

Yemoja olodo, olodo yemoja

Yemoja olodo, olodo yemoja

(Iemanjá é o jorro da fonte.

O jorro da fonte é Iemanjá.

A mãe dos filhos dos peixes é a dona dos rios.)

Xangô

Principal: Mo fori bo rere o ṣango to'kan o ya de

Coro: Repita

Principal:

A wa'nile onile o ku o

A wa'nile onile o ya

Coro: Repita

(Uso minha cabeça para ser coberta pelo bem,

Xangô é digno, ele, que é rasgos, chega.

Dono da Terra, vida longa para ti.

Viemos ao dono da Terra.

O dono da Terra que rompe.)

Iansã

Chamado e resposta:

Oya o ya ile o

Oya mo ba l'oro'ke

(Rompedora, tu emprestas a casa.

A rompedora, percebo, possui a tradição mais elevada.)

Reverência ancestral

São os ancestrais que interpretaram e revelaram as palavras do construto universal. Realizaram o axé com relação à expressão psicológica e cultural. Desvelaram a divindade e espiritualidade inerentes da existência humana. Os ancestrais provêm a ética e as visões de mundo da tradição. Adeptos da tradição acatam a sabedoria ancestral a fim de desenvolverem a si e à cultura. Formas de comportamento para garantir a boa vida são basicamente afirmações ancestrais. É uma boa vida que leva a uma boa morte – uma morte que leva para além do portão e é a vida duradoura. O *alaașe* fornece exemplos de vida correta como registrados pelos ancestrais iorubás.

1. Ifarabale: compostura
2. Owo: respeito
3. Suuru: paciência
4. Eso: cautela
5. Imo: conhecimento
6. Ogbon: sabedoria
7. Oye: compreensão

O desenvolvimento da filosofia iorubá do si-mesmo

As treze diretrizes para o autodesenvolvimento iorubá também foram registradas pelos ancestrais iorubás para reforçar ainda mais a vida correta. Elas são as seguintes:

1. Não deve haver prática da maldade.

"Aqueles que lançam as sementes da maldade as plantam nas cabeças de seus filhos."

"Na verdade, as cinzas voam de volta para a face de quem as jogou."

2. Não deve haver roubo.

"Mesmo que não vejamos; Olodumarê vê."

3. Não deve haver egoísmo.

"Aqueles que são egoístas terão de suportar seu fardo sozinhos."

4. Não deve haver quebra de pacto ou falsidade.

"Quem rompe pactos será levado pela Terra."

"Os sacrifícios de mentirosos e de quem rompe pactos não são aceitos."

"Não minta para companheiros. Não rompa um pacto com um associado. Esses atos provocam verdadeiramente nosso sono."

5. Não deve haver hipocrisia.

6. Não deve haver atos de atrocidade contra vizinhos.

7. Não deve haver desonra ou desrespeito aos anciãos.

"A relação de serviço entre anciãos e jovens deve ser fortalecida continuamente."

"A mão do jovem não alcança a prateleira alta. A do ancião não cabe na cuia pequena."

8. Deve haver proteção das mulheres.

"Mulheres são as flores do jardim; homens são a cerca em torno delas."

9. Deve haver veracidade e retidão.

"Aqueles que são verdadeiros e justos têm as bênçãos das divindades."

10. Deve haver bondade e generosidade.

"Bondade gera bondade."

11. Deve haver sensibilidade com relação a relações pessoais.

12. Deve haver castidade com relação a votos de casais.

"Homem, não seduz a esposa de outro homem; mulher, não seduz o esposo de outra mulher."

13. Deve haver diretivas hospitaleiras.

Oba Oseijeman Adefunmi I afirma que "os eguns/ancestrais são determinantes do que é moral e verdadeiro com relação à vida. O orixá não dita a moralidade, os ancestrais, sim". A "boa vida" é estabelecida pela manifestação de respeito para com os anciãos/ancestrais. Sua sabedoria e diretivas de vida necessitam ser estudadas e adotadas. Ao seguirem a sabedoria e as percepções proverbiais, e ao ouvirem as vozes ancestrais, os devotos iorubás são levados a forças interiores e equilíbrio mundano. Não devemos esquecer que os preceitos do próprio Ifá são compreensões e interpretações ancestrais. A própria cultura é construída sobre isso.

> Os ancestrais são pessoas que se distinguiram no plano moral. Recebem, portanto, um grande respeito e são considerados modelos de vida que devem ser emulados. Agem como um estímulo para a boa conduta; e os vivos, por sua vez, honram-nos lhes oferecendo libações e nomeando seus filhos em sua homenagem (Adaptado de Idowu, 1961).
>
> Os ancestrais não são cultuados da forma pela qual os oeste-africanos cultuam Deus. Não são a autoridade final em todos os assuntos, nem recebem os mesmos atributos como o criador. São, contudo, reverenciados, honrados e respeitados, não como deuses, mas como espíritos e predecessores... que estão juntos ao criador (Opoku, 1978, p. 53).

A área da reencarnação é vista como uma extensão do ente ancestral. A palavra iorubá "*tunde*" reflete isso. Babatunde (o pai retorna), Yetunde (a mãe retorna) são exemplos do reconhecimento da essência espiritual que, em parte, é trazida de volta. A maior importância parece não estar tanto no plano das almas que revivem continuamente através de planos cármicos, mas no constante reviver de morais e valores. Ironicamente, para os Iorubás, o retorno ou reencarnação da alma ancestral é desejado. Uma pessoa se esforça por viver retamente de modo que possa retornar do céu para a Terra. Ao retornar para a Terra, almas ancestrais boas fortalecem as vidas e os espíritos de seus descendentes sobreviventes.

Os Iorubás sustentam que a alma de uma pessoa morta ou se dirige para *orun rere* (o céu bom) ou para *orun apadi/orun buruku* (o céu mau). Almas tomadas antes de seu tempo se tornam fantasmas vagando sobre a Terra até que Olorum venha para entregá-las a Orum. A realização de uma vida após a morte é tão importante na religião iorubá quanto em qualquer outra. Já foi observado que viver a boa vida provém da reverência e emulação dos ancestrais. Essa vida sobre a Terra determina o que ocorre além da morte.

A compreensão sustentada por sacerdotes/sacerdotisas iorubás é a de que os entes humanos contêm um número de almas. E, com a morte, essas almas são libertadas e postas, cada uma, nos céus ou na Terra de acordo com a vida e a profundidade de sabedoria da pessoa. Os anciãos diziam que "a morte para quem morre sabendo não é como a morte daqueles que morrem sem o saber". Aqueles que viveram uma vida cruel e abusiva vão para o lugar em que suas almas jamais poderão ser restauradas. Eles jamais podem retornar aos vivos. As pessoas que cometem suicídio também caem nessa categoria.

A estruturação da pessoa de acordo com os ancestrais iorubás está totalmente entrelaçada com a estruturação da comunidade ou nação tribal. A tribo ou o bando se torna o ponto focal de identificação. Provê a pessoa com um centro para seu sentimento de pertencimento, educação nas formas mundanas e métodos de transcendência para além dos mundos.

Cada estágio do ciclo da vida é acompanhado de um núcleo de rituais e cerimônias religiosas e da expressão externa de diretivas desenvolvimentais sociais. Para a pessoa ser considerada parte da nação tribal deve ser iniciada nela, mesmo que tenha nascido fisicamente nela. Pela iniciação, a candidata passa para além do modo natural e ganha acesso ao modo cultural – que significa ser introduzida aos valores espirituais. Na cultura iorubá, as pessoas não iniciadas não têm as bênçãos inteiras dos ancestrais, da tribo ou dos orixás. O termo para essas pessoas é "*ologberi*". Isso

Figura 10: Estágios de vida tradicionais da cultura iorubá

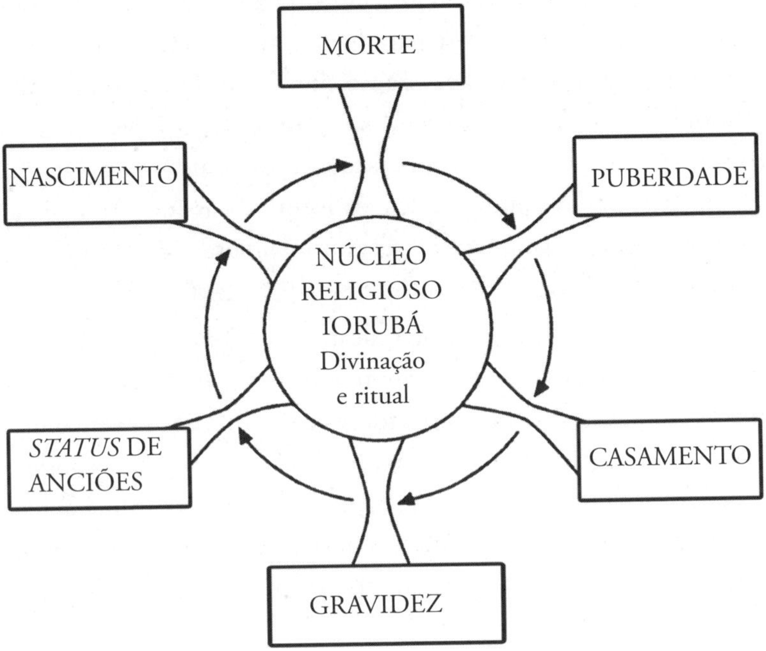

não significa que as não iniciadas não sejam abençoadas ou sejam postas de lado. É simplesmente uma declaração de reciprocidade: quanto mais a pessoa se envolve, mais recebe. Essa é uma compreensão básica nas religiões africanas, se não em todas.

Aqueles que são iniciados podem crescer para atingir posição e *status* maiores na família e na comunidade. Os *olori ebi* são os líderes da família estendida. São responsáveis por rituais e julgamentos com relação à família. O *oba*, *baale*, *oloja* é o chefe da cidade ou aldeia. Os *aworo* constituem a ordem sacerdotal. Os *eleguns* são os médiuns. Os *ologuns* são curandeiros/xamãs. Essas posições fornecem uma visão simplista da multiplicidade dos estratos que formam uma comunidade iorubá.

A expressão social iorubá permite a poligamia, que é a condição marital na qual um homem pode ter mais de uma esposa.

A palavra-chave aqui é "marital". O homem e as mulheres envolvidos são ritualmente aceitos tanto pelos costumes religiosos como sociais. Combinam-se para formar uma unidade produtiva voltada para a inter-relação, criação dos filhos, lucro comercial e estabilidade comunal. As esposas se consideram esposas-irmãs ou coesposas com a ênfase na cooperação. As dinâmicas da poligamia são variadas; todavia, por séculos, os Iorubás – assim como outras tradições – continuaram a evoluir tanto religiosa como mundanamente sob essa forma de estrutura social.

A expressão religiosa iorubá também permite aos integrantes da ordem sacerdotal se casarem e terem filhos. Fora dos compromissos sagrados específicos, sacerdotes e sacerdotisas são encorajados a se casar. Orumilá, o profeta, foi casado com várias esposas e criou vários filhos. Está claro que, com relação ao costume ancestral, forças masculinas e femininas devem se aproximar e se equilibrar a fim de criar uma pessoa, uma família, uma comunidade e uma nação estáveis.

A criação das *egbes* (sociedades específicas) também é parte integral do funcionamento comunal iorubá. As egbes primárias são:

A *sociedade ogboni/osugbo* reflete o equilíbrio de forças masculinas e femininas no construto humano e desígnio universal. As Ogboni são lideradas por anciãos que reverenciam a mãe-Terra e se esforçam por proteger e manter sua pureza. Esses anciãos estão prontos para levar adiante as tradições dos ancestrais. Eles também julgam aqueles que desafiam as leis tradicionais. Integrantes são iniciados na sociedade.

A *sociedade egungun* é dedicada à Terra, mas, mais ainda, aos mortos que estão enterrados nela. Aqueles da sociedade egungun são médiuns que têm a habilidade para possuir os espíritos dos que partiram. Eles comunicam os desejos e últimas mensagens à família. Os egunguns são conhecidos por suas enormes máscaras e vestes de ráfia e tecido que cobrem seu corpo inteiro.

A *sociedade gelede* é dedicada a Iemanjá. Sua função é provocar a reconciliação harmoniosa entre humanos e as *aje* (feiticeiros). O culto gelede usa máscaras com marcas tribais e usam vestimentas acolchoadas, que representam a plenitude de Iemanjá. Eles invocam os feiticeiros e fazem sacrifícios a eles a fim de neutralizar sua poderosa negatividade e potencial destrutivo.

4
Divinação, sacrifício, iniciações

Bem no centro da prática religiosa e do desenvolvimento de caráter iorubás se encontra a divinação. Como discutido no capítulo 2, a divinação é percebida como aquele estado místico de comunicação com as divindades como revelado por Orumilá o profeta. Cada ramo dos Iorubás no Novo Mundo respeita as várias formas de divinação nascidas do *corpus* Ifá. O babalawo (alto sacerdote), os babalorixás (sacerdotes), as ialorixás (sacerdotisas) e, até certo ponto, aborixás (devotos iorubás) usam divinação a fim de:

1. Buscar as mensagens escriturais de Ifá.
2. Informar-se sobre quais oferendas são esperadas pelo orixá.
3. Informar-se se as oferendas são aceitas pelo orixá.

Implementos de divinação diferem em cada nível do sacerdócio, embora todos os implementos possam ser aplicados para revelações e questionamentos às divindades. O alto sacerdote usa as *ikins* (nozes de palma) e o *opon-Ifa* (quadro divinatório) e/ou a *opele* (corrente divinatória). Os olorixás/ialorixás (sacerdotes/sacerdotisas) usam o *merindilogun* (dezesseis conchas de búzios). Os aborixás começam com os obis e o *obi abata* (noz de cola nigeriana) para a prática fundamental da divinação. Contudo, os obis e o obi abata são também usados por todos os níveis de ordens sacerdotais.

Padrões de conchas obi

O obi abata, a noz de cola nigeriana, é dividido em quatro quartos, mostrando dois lados masculinos (*ako meji*) e dois lados femininos (*abo meji*). Divinadores iorubás percebem e interpretam os quartos com base em como caem quando lançados. No Novo Mundo, o obi abata foi substituído por quatro pedaços de uma casca de coco, cada um vinculado a um búzio[3]. Duas conchas masculinas (que mostram o lado do bulbo) e duas femininas (que mostram os sulcos) são lançadas. A divinação é então realizada do mesmo modo que no Velho Mundo nigeriano (como visto na Tabela 8).

O modo mais usual de consultar o obi abata é com perguntas de sim ou não sobre o orixá, ancestrais ou ori dos aspirantes. Os obis também são usados para determinar se uma oferenda é aceitável ao orixá. Os obis são lançados e podem cair com a face para cima/côncava O ou com a face para baixo/convexa ●.

Antes de lançar os obis, os devotos respingam água sobre eles, e então oram para os obis, dizendo:

Ago obi, ago obi, ago obi

(Ouve o obi)

Obi ni ibi iku

(O obi evita a morte)

Obi ni ibi arun

(O obi evita a doença)

Obi ni ibi ofo

(O obi evita a perda)

Obi ni ibi fitibo

(O obi evita ser oprimido)

---

3. O termo iorubá para coco é "*agbon*"; mas quando usado para propósitos religiosos no Novo Mundo, usa-se o termo "*obi*". Essa diferença reflete as transferências de uso, não uma nomeação errônea do objeto.

Obi ni ibi idina

(O obi evita obstáculos).

Em referência ao orixá abordado seja no *ojubo* (santuário) ou no ambiente natural ou lugar sagrado, uma prece também é feita. Os devotos seguram os obis na mão esquerda e com a mão direita batem no piso, no chão ou na terra três vezes e entoam:

Ile mo ki e o, Ile mo ki e o, Ile mo ki e o.

(Santuário, saúdo-te.)

Os obis são então colocados na mão direita; batendo com a mão esquerda, os devotos entoam:

Ile mo ki e o iki eye. Ile mo ki e o iki eye. Ile mo ki e o iki eye.

(Santuário, saúdo-te com honra.)

Os obis são colocados novamente na mão esquerda; batendo com a mão direita, os devotos entoam:

Obi [o nome do orixá ou egum] Ile mo ki e o iki eye.

(Obi [o nome do orixá ou egum], saúdo-te com honra.)

[Repita três vezes.]

Os vários padrões que os obis podem formar ao cair após lançados, e como os interpretar, são indicados na Tabela 8.

Tabela 8: Os padrões de um lançamento de obis

Obi	Padrão	Significado
Alafia	○ ○ ○ ○	Sim
Etawa*	○ ○ ○ ●	Talvez
Ejife	○ ○ ● ●	Definitivamente
Okana	○ ● ● ●	Não
Oyeku	● ● ● ●	Não

* Quando Etawa aparece, lance novamente e então faça a determinação baseada nisso. Se Etawa aparece também no segundo lançamento, a resposta é "sim", Etawa implica dificuldade, ou não dar a alguém axé suficiente.

Figura 11: Aqui, um exemplo de um *opon Ifá* tradicional usando nozes de palma. Os obis lançados mostram *Ejife* (cf. Tabela 8), que significa "definitivamente" como resposta a uma pergunta feita ao orixá. A única consideração aqui é se as conchas estão com a face virada para cima ou para baixo. Búzios masculinos e femininos não são levados em consideração

Se, ao caírem, os obis formam padrões que indicam a resposta "sim", então não é necessário fazer muito mais. Se o padrão indica uma resposta "não", então, os sacerdotes ou os devotos devem continuar a anunciar outras oferendas. Após cada enunciação, as conchas são novamente lançadas. Esse processo é repetido até que um padrão "sim" apareça. Desse modo, é determinado se as oferendas foram aceitas ou se a intenção ou desejo dos devotos é aceitável ao orixá ou egum.

Revelações Ifá

A divinação que foca mais as revelações de Ifá é dividida em quatro dimensões. Essas dimensões são estudadas pelos iniciados em uma base contínua. As dimensões da divinação são partes integrais uma da outra. Podem ser desenvolvidas e explicadas separadamente, embora na prática efetiva se sobreponham e se misturem em uma unidade que é a fundação da divinação. As quatro dimensões são apoiadas por quatro passos:

1. Divinação: o lançamento de obis, merindilogun, opele ou ikins.

2. Notação: na escrita, fala ou mente, o registro do número e/ou dos padrões. Em Ioribá propriamente dito – o odu.

3. Interpretação: uso de provérbios, histórias, experiências etc., baseadas no odu lançado e registrado. Como tal, os divinadores dão aos aspirantes a natureza de suas preocupações, bem como apoio psicológico e percepções e diretivas espirituais.

4. Aplicação: com base nas dimensões acima, é o que os aspirantes devem fazer, o que pode variar de algo simples, como vestir uma cor particular, até rituais complexos de limpeza. Em um certo sentido, a aplicação tem em seu núcleo a oferta das energias do si-mesmo de alguém para o orixá e/ou egum para a elevação, o espírito e a aversão aos perigos de sua vida.

Antes do obi abata ser lançado, oferece-se mojuba. Os devotos agora colocam as conchas ou as nozes de cola partidas em suas mãos. Sacudindo-as, gentilmente, e entoam:

Akinmoran, Akinmoran, Akinmoran.

Que o espírito divino no céu possa assistir o espírito divino na Terra.

Os devotos então expiram sobre as conchas três vezes e, contidas nas mãos em forma de copo, as colocam na testa. Agora, com as palavras "*dida obi*" (lance obis para), o nome dos aspirantes é dito e as conchas são lançadas sobre o *kerere opon* (pequena bandeja divinatória) ou o *ate* (esteira ou tecido branco). O caráter é determinado, e o aconselhamento inicia. Determinar o caráter é o primeiro passo da interpretação (cf. Tabela 9).

Tabela 9: Interpretações do obi abata

Figuras	Obi abata	Diretiva
Ilera	1 concha masculina	Saúde, *status*
Aje	1 concha feminina	Finanças, bens materiais e dinheiro
Ejire	1 concha masculina e uma feminina	Amizades, relacionamentos
Ero	2 conchas femininas	Amor, casamento
Akoran	2 conchas masculinas	Estabilidade, paz, desenvolvimento, elevação
Akita	2 conchas masculinas e 1 feminina	Sucesso após adversidades, controvérsia
Obita	2 conchas femininas e 1 masculina	Situação familiar e meio ambiente
Ogbe	Todas as conchas para cima	Justiça, retidão
Oyeku	Nenhuma concha para cima	Transformação, renascimento

Observação: a direção na qual a(s) concha(s) aponta(m) é também de grande importância.

A direção das conchas é o próximo passo de interpretação que os novatos devem estudar. Se a concha mais próxima do topo é masculina e aponta para a direita ou para o topo, então, a interpretação da situação é positiva. Se a concha masculina aponta para a esquerda ou para o fundo, então, é feita uma interpretação negativa. Se a concha mais próxima do topo é feminina e aponta para a direita ou para o fundo, então, é feita uma interpretação positiva. Se a concha feminina aponta para a esquerda ou para o topo, então, é feita uma interpretação negativa. Em ambos os casos, as mensagens de cura dos divinadores devem contribuir para a elevação daqueles que buscam assistência.

O terceiro passo de interpretação do obi abata é a determinação do odu pela concavidade e convexidade das conchas lançadas do topo ao fundo do opon. A concavidade é aberta e marcada como I (luz). A convexidade é fechada e marcada como II (escuridão) (cf. Figura 1, para os dezesseis odus principais). Os padrões são os da opele como examinados no capítulo 2 (*corpus* Ifá), e o odu pode ser examinado como feito por um babalawo. Somente os iniciados necessitam trabalhar até esse nível, uma vez que são necessários sacrifícios.

Os merindilogun (dezesseis búzios) representam o terceiro nível de divinação Ifá. São usados somente pelos sacerdotes e sacerdotisas da ordem orixá. Os dezesseis búzios são parte dos objetos religiosos consagrados obtidos quando um aborixá é iniciado na ordem sacerdotal orixá. Eles não devem ser usados por não iniciados.

Quando esse nível de divinação Ifá é atingido, o axé do odu, do orixá e de todas as forças espirituais dos planos de realização iorubás se tornam efetivos. O processo de aprendizagem e fortalecimento dos iniciados é responsabilidade do padrinho, sacerdote, mentor e assim por diante. Em parte alguma de Iorubalândia os odus são abordados levianamente. E como os merindilogun refletem os odus, em parte alguma são tomados com leviandade. As razões para fornecer expressões divinas das conchas são:

1. Elevar o nível de respeito por eles sobre o que representam.
2. Eliminar a ignorância de tantos devotos que são literalmente explorados devido à sua falta de conhecimento.
3. Estimular nos devotos o interesse para que investiguem mais as ordens sacerdotais iorubás inteligente e espiritualmente.

As forças do orun (céu) e de aye (Terra) são desdobradas através dos odus. Os divinadores devem se preparar para a imersão nos domínios do Ifá. O mojuba é dado; preces são feitas (particularmente ao orixá das conchas que estão sendo usadas). As conchas são esfregadas entre as mãos dos divinadores enquanto preces para os aspirantes são oferecidas. As conchas são então colocadas em um pote sagrado e apresentadas aos aspirantes que expiram três vezes sobre elas. Os divinadores então tocam a testa dos aspirantes com as conchas (seguras em suas mãos) e o lançamento é feito com as palavras "*difa fun*" (jogue Ifá para) seguidas do nome dos aspirantes. Então, é feito um segundo lançamento de modo a resultar um duplo odu. O primeiro é dominante, o segundo é o fator equilibrador. O modo como as conchas caem, com relação à exibição dos lados femininos, ou com a face para cima, determina o odu. A Tabela 10 apresenta o merindilogun. A ordem do odu é diferente para o olorixá do que é

Tabela 10: O lançamento dos merindiloguns e sua ordem*

Okanran	1 concha para cima
Oyeku	2 conchas para cima
Ogunda	3 conchas para cima
Irosun	4 conchas para cima
Oxé	5 conchas para cima
Obara	5 conchas para cima
Edi	7 conchas para cima
Ogbe	8 conchas para cima
Osa	9 conchas para cima
Ofun	10 conchas para cima
Oworin	11 conchas para cima
Oturupon	12 conchas para cima
Ika	13 conchas para cima
Iwori	14 conchas para cima
Otura	15 conchas para cima
Irete	16 conchas para cima
Opira	nenhuma concha para cima

* Os merindilogun são lançados duas vezes. Se o mesmo odu aparece no segundo lançamento, o termo "*meji*" é acrescentado. Por exemplo, Okanran lançado duas vezes é Okanran Meji. Se o segundo lançamento é diferente do primeiro, então o odu é consequentemente chamado. Por exemplo, se o primeiro lançamento é Okanran, e o segundo é Otura, o lançamento é chamado Okanran-Otura.

para o babalawo (como mencionado acima). Embora sejam interpretados basicamente do mesmo modo, os babalawo possui percepções e revelações mais profundas.

As ikins e a opele

As ikins e a opele são as reflexões do quarto nível do odu divino. Esse é o nível do odu como interpretado pelo alto sacerdote da tradição iorubá. O alto sacerdote é conhecido como sacerdote ifá ou babalawo (pai dos mistérios). Somente ele ou ela (*iyalawo*) tem permissão para usar as ikins (nozes de palma sagradas), e a opele (corrente divinatória) para o propósito de divinação. As ikins são consideradas sagradas devido a Orumilá. Ele ordenou que esses seriam os símbolos de sua existência e presença divinas sobre a Terra. As ikins, como com a opele posteriormente desenvolvida, são apresentadas aos aprendizes babalawos ou iyalawos após a iniciação.

A divinação nesse nível produz a maior percepção sobre a inteligência cósmica e o espírito-energia do odu. Essa percepção produz as compreensões e interpretações mais profundas do odu e das divindades que existe neles. Ao "bater" as ikins ou lançar a opele, os divinadores são capazes de determinar o odu que, no sentido místico, invoca as entidades celestiais. O/a babalawo/iyalawo deve ser capaz de recordar e recitar mensagens pertinentes à situação dos aspirantes. Deve também ser capaz de conceber e desenvolver formas viáveis e aplicáveis para os aspirantes serem elevados através ou por meio do ebo (sacrifício). Por essas razões, o babalawo é o mensageiro mortal final. Sacerdotes e sacerdotisas do orixá consultam o babalawo em momentos de dificuldade e para obter uma percepção maior sobre a religião. Membros da tradição iorubá veem o babalawo como o epítome dos mantenedores culturais e os guias para a consciência interior, elevação espiritual e salvação da alma.

Antes que o lançamento seja feito, o babalawo se prepara com preces a Orumilá, cantos e contemplação. Em seguida, são feitas preces para os aspirantes. O babalawo, então, pega os implementos divinos e os apresenta aos aspirantes. Esses expiram sobre as ikins ou opele três vezes. A expiração é feita de modo que o *emi* (espírito interior) possa ativar o aparato divinatório para focar especificamente os aspirantes.

Ebo: oferendas e sacrifícios

Ao longo dos capítulos anteriores foi afirmado que oferendas e sacrifícios são apresentados aos orixás (e ao egum). No Iorubá, ebo é dividido em duas categorias. Mas, antes de abordar esse tema controverso, permita-me começar dizendo que não sou proponente nem oponente de sacrifícios de sangue. Contudo, esses têm sido parte da história através de muitas culturas. Já em minha prática do Iorubá, substituí o uso ritual do sacrifício por um trabalho mais concentrado em mim e em minha comunidade. Com isso em mente, vamos examinar os dois tipos de oferendas.

Ebo

Oferenda de qualquer planta ou objeto que foi utilizada pela primeira vez para limpar espiritualmente a pessoa (banhos, fricção de frutas sobre o corpo) e oferendas que envolvem o trabalho dos devotos, como cozinhar alimentos e esculpir estátuas.

Adimu

Oferenda de roupas, plantas e frutos; alimentos cozidos ou crus; e objetos tangíveis para os orixás não preparados ou esculpidos pelos devotos.

A divinação pelo sacerdote ou sacerdotisa de uma pessoa determina o tipo de ebo e/ou adimu prescrito. Praticantes iorubás raramente invocam as deidades ou lhes apresentam oferendas sacrificais sem antes consultar os divinadores. O ebo é prescrito, de uma forma ou outra, sempre que Ifá é consultado. Isso se deve à crença iorubá na "reciprocidade do axé". As forças celestiais são reverentemente invocadas, preces lhes são feitas e se espera que respondam aos devotos, concedendo suas súplicas e lhes provendo proteção contra forças malévolas. Em troca, espera-se que os devotos reponham o axé por meio de sacrifícios e oferendas. Muitas vezes, também se espera maior devoção e esforço sinceros para mudar nosso comportamento inconstante – se não primeiramente.

As culturas sempre praticaram múltiplas formas de sacrifícios para propósitos religiosos. Embora as formas possam ser questionadas, o propósito permanece o mesmo: as tentativas humanas de chegar à divindade através de si e de seu mundo. O que continua a ser malcompreendido é que o sacrifício – no sentido físico ou espiritual – é um proponente ativo de todo envolvimento religioso.

Os construtores mais antigos de nações, como os Kemetianos da África, os povos da Índia e China e de outros países asiáticos têm descrições religiosas de sacrifício de sangue e oferendas prescritas às deidades de sua cultura. Países do Oriente Médio, como Israel, Jordânia e outros, deixaram testamentos que dão credibilidade ao sacrifício de sangue – especialmente para reparação de pecados. Nativos americanos faziam sacrifícios para suas deidades culturais, como estudos dos Astecas revelam tão claramente. Nações tribais ao longo dos continentes norte e sul-americanos faziam sacrifícios para divindades terrenas e celestiais. Os europeus também praticavam o sacrifício. Por exemplo, na *Odisseia*, de Homero, lemos que Ulisses sacrificou uma ovelha aos mortos. Gregos, romanos e nações antigas de origem europeia faziam oferendas e sacrifícios contínuos aos seus deuses (Eliade, 1967).

As razões para oferecer sacrifícios incluem:

- Agradecer pela concessão de uma necessidade ou desejo.
- Como uma promessa ou voto sagrado feito à deidade.
- Para prevenir a causa do sofrimento.
- Para remover a causa do sofrimento.

• Como um modo de substituir o(a) devoto(a) pelo animal sacrificial.

• Para proporcionar força, estabilidade e coragem para ter sucesso no mundo visível e no mundo invisível.

O ato sagrado de sacrifício, ou "fazer ebo", é composto por quatro partes:

1. O sacerdote apresenta os devotos e o ebo ao símbolo sagrado que representa a deidade.

2. Preces pelos devotos são, oferecidas ao ebo para os consagrar.

3. A deidade é invocada para participar e receber a oferenda.

4. A oferenda é colocada no santuário da deidade enquanto preces são feitas.

As oferendas, contudo, são apenas um aspecto na complexidade do ritual. Preces, danças, gestos simbólicos e elevação pessoal e comunal são elementos ativos no ritual sacrificial. Esses elementos são combinados para "invocar" o orixá na prática iorubá. Novatos não devem ser levados a crer que "fazer ebo" é a forma mais elevada de sacrifício que corrigirá tudo em um mundo deteriorado. Fazer ebo é abrir a oportunidade para mudança prositiva e ampliar a possibilidade de crescimento. O fator humano não deve ser subestimado. O maior sacrifício é o sacrifício humano – o sacrifício de pensamentos negativos e tendências destrutivas; o sacrifício do si-mesmo inferior pelo princípio divino do ser. Todos os outros sacrifícios têm a intenção de ampliar esse esforço humano.

Tipos de oferendas apresentadas ao egum e/ou orixá são:

• Banhos espirituais

• Ervas medicinais

• Preces e meditação

• Oferendas de frutas, flores, tabaco, tecidos ou alimentos do orixá

• Atos socialmente caridosos

- Limpezas com o uso de frutas e flores
- Incenso e óleos
- Diretivas autorreflexivas
- Altares e santuários
- Envolvimento religioso mais forte
- Canto e dança
- Falhas de caráter

A Tabela 11 dá exemplos das várias oferendas de alimentos e animais que podem ser feitas para o orixá específico. Lembre, oferendas são feitas sob a orientação de sacerdotes/sacerdotisas qualificados. Orienta-se fortemente que nenhuma invocação ou oferenda seja feita sem seu conhecimento ou aprovação. Confira as tabelas 11 e 12 para informações sobre oferendas e objetos associados ao orixá.

Iniciação aos domínios sacerdotais

Tabela 11: Oferendas aos orixás

Orixá	Oferendas sacrificiais
Oxalá	Frutas brancas, coco, nozes de cola branca, efun (terra sagrada), inhames brancos, moluscos, água de moluscos, manteiga de carité, arroz, galinhas, pombos, cabras
Elegba	Óleo de palma, tabaco, todas as frutas/nozes, milho tostado, coco, galos, bodes, inhames
Oxum	Mel, canela, abóbora, alface, laranjas, ovos, galinhas-da-guiné, galinhas, ovelha
Iemanjá	Melado, frutos do mar cozidos, patos, galinhas (ou galos), objetos do oceano
Ogum	Vinho de palmeira, rum, óleo de palma, abacaxi/frutas, milho tostado, tabaco, galos, bodes, inhames
Iansã	Rum, vinho tinto, beringela, arroz e feijões, ameixas, tabaco, uvas vermelhas, galinhas (ou galos), cabras, tanchagens
Xangô	Tanchagens, inhames, quiabo, bananas verdes, tabaco, rum, nozes de cola amarga, carneiros, galos (vermelhos), ramos de árvores atingidas por raios etc.

Tabela 12: Objetos associados a cada orixá

Orixá	Objetos associados a cada orixá
Oxalá	Elefantes, pássaros brancos, estátuas de anciões africanos vestidos de branco, imagens de montanhas, tecido branco
Elegba	Estátuas de figuras masculinas e/ou de cabelos longos e trançados, pedras, cocos
Oxum	Artefatos de fertilidade, objetos de bronze ou ouro, penas de pavão, espelhos, leques, joias finas, conchas de búzios
Iemanjá	Estátuas matriarcais fortes, criaturas do mar, conchas do mar, imagens do mar
Ogum	Machetes, todos os objetos de ferro, estátuas de caçadores e guerreiros, ferreiros, veículos de ferro ou metal
Iansã	Chifres de búfalo, máscaras grotescas, tecidos multicoloridos, imagens de tempestades
Xangô	Machados duplos, gatos pretos, cabeças de carneiro, tambores, pedras, árvores atingidas por raios, cavalos, tartarugas

> Ser um sacerdote ou sacerdotisa envolve a fusão da personalidade de uma pessoa em um todo muito maior. Humildade, subjugação ao orixá e à disciplina do ritual são qualidades essenciais a serem adquiridas por um sacerdote/sacerdotisa. Assim, para o sacerdote/sacerdotisa do orixá, modéstia e uma completa ausência de egoísmo são os prerrequisitos da sabedoria.
>
> Sabedoria sacerdotal iorubá de Baba Ifa Karade

O processo de se tornar um sacerdote/sacerdotisa iorubá é definido por estágios marcados de cerimônia ritual e ensinamentos relacionados. Novatos que ingressam nessa jornada devem primeiro encontrar um babalawo ou iyalawo (alto sacerdote/alta sacerdotisa, respectivamente) ou um olorixá/ialorixá (sacerdote/sacerdotisa) que os proverão do cuidado e paciência tão fortemente necessários. Deve haver relativamente pouco conflito ou "más vibrações" entre aborixás (novatos) e os sacerdotes. Os dois devem trabalhar harmoniosamente para atingir a meta ou objetivo, que é orientar os novatos a um ponto de percepção, compreensão e capacidade, por um lado, e para aumentar as percepções e habilidades dos iniciadores sacerdotais, por outro.

Nem todas as pessoas que se envolvem na prática orixá necessitam ser iniciadas na ordem sacerdotal. Muitos encontram consolo em realizar qualquer um dos vários estágios que lhes estão disponíveis. O Iorubá fornece, na prática do Novo Mundo, vários níveis de realização. Abaixo, seguem cinco desses níveis. Estes não são, de modo algum, os únicos estágios, mas são os mais importantes.

Receber os ilekes: contas sagradas

Ilekes são as contas sagradas que marcam o primeiro nível de comprometimento efetivo feito pelos novatos. Cinco ilekes lhes são cerimoniosamente apresentados. Cada um representa um orixá: branco – Oxalá; preto e vermelho – Elegba; amarelo – Oxum; azul – Iemanjá; vermelho e branco – Xangô. Os ilekes são consagrados pelo sacerdote/sacerdotisa que preside. Ewe (ervas), ebo (oferendas) e efun (terra sagrada) são transformados em uma solução chamada omiero. Os ilekes são lavados na solução e então estão consagrados, com o axé que empoderará os devotos com a essência do orixá.

Receber os ajaguns: guerreiros

A palavra "*ajagun*" é o termo iorubá para guerreiros. Os ajaguns são compostos por Elegba, Ogum, Oxossi e Oxum. Sua função é proteger o aborixá da destruição por forças espirituais opostas (*ajogun*) e pessoas opostas (omo-aiye). De modo algum isso deveria ser interpretado como feitiçaria ou bruxaria. Todos os sistemas religiosos fornecem a seus adeptos protetores contra o demoníaco. O Iorubá não é diferente.

Aqueles templos que expressam amor e luz infundem essa energia no axé dos ajaguns consagrados. Ao fazê-lo, a proteção é uma resposta digna das *irunmules* (entidades de luz e transcendência) angélicas. Por isso, há pouco a temer das "forças negativas". Aqueles templos que expressam conflito e confusão emprestam essa energia ao axé dos ajoguns e, com isso, a perpetuação dessa energia.

Onifa: a mão de Orumilá

Esse ritual cerimonial envolve ainda mais os iniciados com o axé de Orumilá e do odu. Os devotos recebem os objetos consagrados de Orumilá: as ikins (nozes de palma sagradas), um ileke (colar) amarelo e verde, e a *ide* (contas religiosas na forma de uma pulseira). A ide é usada no pulso esquerdo e é o símbolo de Orumilá para *iku* (morte) de que o/a devoto(a) é um(a) "filho(a) do profeta" e não deve ser levado antes de seu tempo. O babalawo usa seus ikins para determinar os odus, que são os discípulos celestiais apresentados para guiar os iniciados à sacralidade e sabedoria divina. Os iniciados são instruídos sobre como orar usando os ikins e como invocar sobre si odus para assistência mundana e elevação espiritual. Somente o babalawo/iyalawo pode supervisionar esse ritual.

Elehan, isese ou ocha: sacerdócio

Neste estágio, os iniciados são proclamados prontos para servir como sacerdotes ou sacerdotisas. Demonstraram seu grau de comprometimento e passaram no teste a que foram submetidos pelos orixás, ancestrais e padrinhos. Há diferentes razões pelas quais uma pessoa é chamada ao sacerdócio. Alguns são chamados por razões espirituais, que envolvem apenas sua pessoa, e trabalham muito pouco com outros; alguns são chamados para ser *ojises* (mensageiros da fé). Outros são chamados para servir os orixás a fim de elevar a humanidade do lodo e pântano do mundano.

O elehan/isese/ocha pode durar de três a sete dias. Durante esse tempo, o iniciado/*iyawo* (noiva do orixá) está preparado para experienciar uma série de processos e ensinamentos de modo que as habilidades sacerdotais e compreensões sejam cristalizadas. Ele ou ela deve residir no ile (templo) durante o tempo inteiro. Jejum, abstinência, estudo interno, aprendizado sobre os orixás, divinação e oferendas diárias são focados durante esse período. Percussão, dança sagrada e culto comunal são também partes da iniciação. O templo está cheio de imagens que refletem o orixá que "possuirá a cabeça" do novo olorixá/ialorixá. No terceiro dia, ou por volta dele, é realizada uma divinação. Esse é o dia do ita. O ita revela – por meio do odu – as mensagens a serem seriamente contempladas e seguidas pelos novos sacerdotes/sacerdotisas durante todo o tempo de seu envolvimento e esforços sacerdotais. O período de aprendizagem dura de três meses a um ano, dependendo da vontade do orixá, como determinado pela divinação.

Somente aqueles que fizeram elehan podem presidir os que estão fazendo elehan. O sacerdote/sacerdotisa que preside é responsável pelo desenvolvimento dos iniciados durante o período da iniciação ou, em um grau mais elevado, quando os iyawos são capazes de estabelecer e manter seu templo e aborixás (afilhados). Outro sacerdote/sacerdotisa é considerado(a) o/a *ajubona* ou instrutor(a). O/a ajubona tem a responsabilidade de ensinar aos iyawos os construtos da religião iorubá e de analisar as revelações do padrinho para um funcionamento mais aplicável.

No dia final da divinação, os iyawos recebem o odu-orixá, que é um recipiente de madeira ou barro contendo o axé do orixá específico que contém objetos religiosos consagrados ao orixá. Esses foram consagrados por meio de lavagens herbais, oferendas, limpeza por incenso, canto e prece. A diretiva do Novo Mundo é apresentar o "orixá de coroa" junto a quatro outros do conjunto. Por exemplo, se o aborixá que está realizando o elehan deve ser uma sacerdotisa de Oxum, ela também deveria receber Elegba, Oxalá, Xangô e Iemanjá. A diretiva iorubá mais antiga é apresentar somente o orixá que é o "orixá de coroa" do(a) iniciado(a); outro orixá só é recebido durante esse tempo se isso for determinado por adivinhação.

A função dos rituais de adivinhação é tornar a essência do orixá mais forte nos devotos. Quanto mais rituais são feitos, mais essa essência é solidificada e realizada. A essência, então, impacta o ser dos devotos que agora se tornam elementos ativos dela na família, comunidade, nação e mundo. Aqueles que passam pelos vários níveis devem intensificar suas vidas pela prece, devoção e pelo sacrifício constantes para o orixá. Aqueles que se tornam sacerdotes/sacerdotisas devem compreender sua posição como vista pelos olhos celestiais mais do que pelos olhos terrenos. Eles têm o dever sagrado de afirmar e reafirmar a divindade a todos os entes humanos. Ou seja, eles trabalham para elevar a baixa natureza humana à natureza divina.

Babalawo: alto sacerdote

Aqueles que se tornam babalawo são os altos sacerdotes na cultura iorubá. São muitas vezes reverenciados por sua humildade, convicção, fé, honestidade e sinceridade. Códigos de conduta básicos e restritos foram estabelecidos por Orumilá aos sacerdotes ifás anciãos para garantir que os ideais dessa ordem não sejam corrompidos. Aqueles sacerdotes que não acatam o código serão punidos por Orumilá.

O Professor W. Abimbola escreve e palestra sobre o tema dos babalawos. Ele afirma:

> o treinamento de um sacerdote ifá é um exemplo supremo do sacrifício no esforço humano... O objetivo do treinamento é dar ao sacerdote em treinamento uma atitude disciplinada para os vários problemas da vida... Portanto, o objetivo primário do treinamento era prepará-lo adequadamente para satisfazer as graves responsabilidades das posições importantes na comunidade (Abimbola, 1976, p. 18).

A iniciação ao Ifá é feita basicamente para e por integrantes homens da cultura. As mulheres também têm explorado as intensas energias do odu-Ifá. Os homens e as mulheres ordenados devem seguir regras estritas para admissão. As crianças, cuja divinação determina que se tornem, babalawos começam a ritualização efetiva aos 7 anos. Integrantes com mais idade da cultura também podem se tornar iniciados se isso for revelado através do Ifá.

Itefa

O processo de ritualização para a iniciação babalawo é chamado itefa. Esse dura de três a quatorze dias, e é presidido por um babalawo. Os aspirantes têm todos os pelos faciais raspados e são levados à *igbodu* (cabana sagrada), construída para o ritual. Dentro dela, os iniciados babalawos experienciam os processos secretos. No final, emerge o *kekere awo* (um pouco babalawo). Eles estão agora prontos para o seguinte:

- Estudar o *corpus* Ifá;
- Aprender a forma dos implementos de divinação;

- Tornar-se proficientes na forma de oferendas e rituais;
- Tornar-se os epítomes da natureza divina entre as pessoas.

Etutu: rituais

> Rituais nos tiram da condição passiva no cosmos, tornando-nos agentes criativos da existência. Eles geram um senso de certeza e familiaridade. Fornecem continuidade entre aqueles que os realizam ou participam deles. As pessoas, por sua vez, encontram um grau de identidade através de sua observância e experiência comuns (Mbiti, 1975, p. 126).

É importante designar o espaço e tempo para a realização de rituais. Para os Iorubás, a ordem é da maior importância. A habilidade para efetivamente conduzir uma cerimônia ritual é responsabilidade do sacerdote ou sacerdotisa que a preside. Eles devem garantir que todos os estágios sejam completados e que transições de um nível ao outro sejam suaves. Apoiar integrantes do templo garante que as diretivas do olorixá ou babalawo presidindo sejam realizadas efetivamente.

O ritual é harmonioso e criativo. Não há necessidade de energias ruins, uma vez que isso abre o caminho para entes negativos perturbarem o objetivo sagrado. Rituais não necessitam ser estéreis ou feitos de modo automático. Criar é recriar a magnitude infinita da expressão da natureza. A afirmação importante é que o olorixá que preside seja sensível ao espírito dos iniciados e estabeleça a iniciação ou ritual de acordo com isso.

Há regras e diretrizes que necessitam ser adotadas por sacerdotes/sacerdotisas e por devotos:

1. Deve haver um período de abstinência sexual (ao menos 24 horas) antes e após a iniciação.

2. Nenhum medicamento deve ser usado (a menos que absolutamente necessário para propósitos de saúde) no dia do ritual.

3. Não deve haver o uso de bebidas alcoólicas ou drogas.

4. Novatos devem se banhar e fazer banhos espirituais antes de iniciarem o ritual.

5. Novatos devem estar muito conscientes do propósito para o ritual.

6. Após o ritual, os iniciados devem repousar por ao menos um dia.

Quando os novatos começam a contemplar o Iorubá como uma religião e/ou expressão cultural, é importante compreenderem a ritualização. Com muita frequência, o equívoco é que a pesquisa acadêmica e o envolvimento passivo sejam suficientes, que seguir um curso é melhor do que mergulhar na essência do culto internalizado. O resultado é a produção de uma mente e um espírito menos abertos. Rituais realizados devem servir para abrir os devotos e os tornar mais receptivos para o axé dos instrutores, ancestrais e orixás. O ritual é visto como espiritual e é feito para realizar a limpeza e elevação do espírito. Em outras palavras, a iluminação e elevação espirituais são os fins atingidos por meio dos rituais – especificamente os religiosos.

Rituais sociais realizados em casamentos, nascimentos e mortes parecem ser não religiosos. Contudo, os rituais sociais têm, como núcleo, substância religiosa. São sacerdotes ou sacerdotisas que realizam os casamentos, guiam o ingresso no mundo para crianças e presidem funerais. Sim, esses estágios da vida podem ser feitos sem rituais, mas as sociedades devem construir nossos ciclos de vida em e por meio de rituais e vice-versa. Parece haver algo basicamente humano – ou mesmo total nos ciclos de vida de animais – nos rituais do nascimento ao acasalamento, da gestação à morte.

O espírito não é considerado a alma de uma pessoa, embora as palavras sejam muitas vezes utilizadas alternadamente. É o espírito, uma vez iluminado e elevado, que liberta a alma. Ele é a essência vinculante da natureza humana na natureza divina. A alma é a chama interior que existe como uma fagulha ou centelha que surge de um fogo criativo.

Conclusão

A religião iorubá é uma forma de vida viável e consagrada. Aqueles que buscam mudar sua relação consigo, com o mundo e com as forças universais podem considerar o Iorubá um veículo legítimo. Aspirantes ao si-mesmo interior podem adotar o Iorubá como uma fonte de luz e como uma fonte de ensinamentos esotéricos. É importante revisar continuamente os conteúdos deste livro. Graus de aceitação e resistência a áreas específicas de estudo necessitam ser considerados e discutidos aberta e maduramente.

O verdadeiro objetivo do envolvimento religioso iorubá é viver de acordo com a sabedoria ancestral e a retidão divina. Ao adotar o odu da filosofia iorubá, você adota a pureza e religiosidade da tradição. Ao aceitar os rituais, iniciações e ensinamentos como seus, você pode sentir o alvorecer do espírito e a emergência de sua alma. Siga o objetivo verdadeiro.

Enquanto você estuda a religião iorubá, tenha em mente que apenas intelecto e erudição não são suficientes. Estudantes e devotos do Iorubá também devem estar imersos no ritual, porque é por meio de rituais e iniciações que a essência para além do intelecto é despertada. Essa essência é espírito. A cultura da religião deve ser aceita, pois cultura e religião não podem ser separadas. Quando você terminar de ler, necessitará de guia espiritual – mentor. Sacerdotes e sacerdotisas iorubás se tornam *baba* (avô) e *iya* (avó). Eles realizam os rituais e iniciações e apresentam oferendas, mas é você, devoto(a), que deve aprender a se elevar. Axé!

Aboru, Aboye, Aboṣiṣe
Que as oferendas sejam carregadas
Que as oferendas sejam aceitas
Que as oferendas ponham forças divinas em movimento.

Apêndice
Frases religiosas do Iorubá

Iorubá	Tradução
Ohun ori wa se Ko ma ni s alai se eo	O que ori cumpre tem de ser cumprido.
Aye l'oja, orun n'ile	O mundo é um mercado. O mundo espiritual é lar.
Ohun gbogbo ti a ba se laye la ookunle re lorun	Que aquilo que fazemos sobre a Terra descrevamos ajoelhados no céu.
Ebo fin, Eru da	As oferendas são aceitas, as forças más partem. (Isso é dito após o ebo ou a oferenda ter sido completada.)
Ojo o buru, ebon nii gbe ni o	Em dias de turbulência, é ebo que salva.
Ṣ otito ṣ ododo ṣ oora ma ṣ ika	Realize a verdade, realize a retidão, realize a bondade, evite a crueldade.
Ni nyin awon awo, awon awo nyin sa	Ela/ele estava enaltecendo os divinadores, os divinadores estavam enaltecendo o orixá.
Dide dide lalafia	Surja, surja, em paz.
Iṣe Olorun tobi	O trabalho de Deus é grande e poderoso.
Ka maa woriṣa	Vamos ficar olhando para o orixá.
Mo fe bo	Quero cultuar.
Orunmila eleri ipin ibekeji Olodumare	Orumilá, testemunha do destino segundo o Criador.

Iorubá	Tradução
B'ao ku işe o tan	Quando há vida, há esperança.
Abo ru, Abo ye, Abo şişe	Que as oferendas sejam carregadas, que as oferendas sejam aceitas, que as oferendas tragam mudança. (Saudação aos babalawos de todos os tradicionalistas iorubás.)
Bi owe, bi owe, ru Ifa soro	Como provérbios, como provérbios, é como Ifá fala.
Riru ebo ni i gbe ni airu ki i gbe eyan	São as oferendas de sacrifícios que trazem bênçãos. Ninguém é abençoado negligenciando sacrifícios.
Fun wa ni alaafia	Tenhamos paz.
Imo, ogbon, oye	Conhecimento, sabedoria, compreensão.

Glossário

A

Aba: a manifestação do axé para o desenvolvimento humano virtuoso

Aborixá: um/a devoto(a) do orixá que recebeu os ilekes

Adimu: oferendas feitas aos ancestrais de uma pessoa e ao orixá

Adura: preces

Agbon: coco

Agere: recipiente ou vasilha que contém as nozes de palma sagrada (ikins de Orumilá)

Ago: ouça

Aiku: vida longa

Aiye: Terra

Ajagun: guerreiros angélicos compostos de Exu, Ogum, Oxossi, Oxum

Ajogun: forças malévolas com intenção de destruir a humanidade

Ajubona: instrutor religioso

Alaaṣe: os códigos de conduta ancestral

Alafia: paz

Apetebi: esposa de um sacerdote ifá (babalawo)

Ara: corpo

Arun: doença

Asaro: meditação

Aṣe: essência do poder primal e potencial criativo

Ate: esteira

Awe: jejum, abstinência religiosa de alimentos

Awo: aqueles da ordem sacerdotal
Ayanmo: destino

B

Baba: pai
Baba mi: meu pai
Bạbalawo: pai dos mistérios
Babal'oriṣa: sacerdotisa de uma das várias seitas do culto orixá
Babarugbo: ancião
Bata: tambores sagrados de culto orixá (Novo Mundo)
Bembe: culto comunal como tributo ao orixá (Novo Mundo)
Beni: tudo está bem; sim

C

Candomblé: religião iorubá combinada ao catolicismo como praticada na América do Sul

D

Dida obi: lance obis para
Dide: surja
Difa fun: lance Ifá para
Dojude: escuridão

E

Ebo: oferendas para os ancestrais de uma pessoa ou para os orixás
Efun: substância branca semelhante ao giz extraída da Terra para consagração religiosa
Egun: ancestral
Egungun: sociedade de sacerdotes que possuem os espíritos dos mortos
Elegun: aqueles que são montados/possuídos pelo orixá
Elehan/Isese/Ocha: período de três a sete dias dedicados à iniciação sacerdotal
Emi: a essência espiritual da expiração da pessoa ou ente

Epo: óleo de palma
Eran: carne, animais
Ere oriṣa: imagens, estátuas, formas físicas dos orixás
Ese: verso do *corpus* Ifá
Etutu: ritual
Ewe: ervas e plantas
Ewo: restrição, tabus
Ewure: cabra
Eyele: pombo

F

Fun: dar
Fun Fun: branco

G

Gbogbo: todos
Gelede: sociedade que reconcilia as diferenças entre humanos e feiticeiros

I

Ibeji: gêmeos
Ibi: evitar; aversão ao infortúnio
Ifa: a inteligência cósmica da expressão cultural iorubá
Ifunpa: amuleto
Igbodu: cabana construída durante as iniciações babalawos
Ijuba: a prestação de homenagem ou reverência
Ikin: nozes de palma sagradas usadas pelo babalawo no culto e divinação
Ikoode: pena de papagaio vermelho colocada na cabeça dos iniciados durante a iniciação sacerdotal
Iku: morte
Ile: casa, templo
Ilê-Ifê: cidade sagrada da religião iorubá

Ilekes: contas espirituais consagradas ao orixá e apresentadas cerimoniosamente aos novatos
Imo: conhecimento
Imule: juramento
Iorubá: grupo étnico de cultura de origem africana.
Ire: bênçãos, boa sorte
Irosun: sândalo africano
Ita: divinação em iniciações realizadas no terceiro dia
Itan: narrativas históricas e mitológicas descritas no *corpus* Ha
Itefa: a cerimônia ritual de iniciar devotos ifás ao babalawo efetivo
Iwa-pele: caráter equilibrado
Iya: mãe
Iyalawo: contrapartida feminina do babalawo
Iyal'orișa: sacerdotisa de uma das várias seitas de culto aos orixás
Iyawo: iniciada ao domínio sacerdotal; esposa do orixá
Iyerosun: pó especial usado pelo babalawo para marcar o odu no opon-Ifá

J

Jinle: profundo (como em pensamento ou expressão)

K

Kekere: pequenos, pouco
Kiki: moral de um verso ou história

L

Lucumi: religião iorubá combinada ao catolicismo espanhol em Cuba

M

Mariwo: fundos de palma
Meji: dois ou duas vezes
Merindilogun: dezesseis conchas de búzios usadas por sacerdotes e sacerdotisas para divinação ifá
Modupe: agradeço
Mojuba: presto homenagem

O

Oba: chefe; rei

Obe: faca

Obi abata: nozes de cola divididas em quatro partes usadas para divinação

Odabo: adeus

Odu: dezesseis discípulos celestiais nomeados por Orumilá como o epítome da cultura e religião iorubás

Ofo: perda

Oju Odu: os primeiros dezesseis odu meji do babalawo

Ojubo: sala do santuário sagrado para culto ao orixá

Olodumarê/Olorun: Deus

Ologberi: os iniciados

Ologun: curandeiros do Iorubá

Olori ebi: chefe religioso da família ou função social

Olorixá: sacerdotes masculinos e femininos

Omi: água

Omiero: solução herbal usada para banhos espirituais e consagração de objetos religiosos

Omo: criança

Omo-aiye: entes humanos malévolos

Omo Odu: as 240 combinações dos diferentes lançamentos de odus

Ona: estrada

Onifa: cultuadores de Orumilá

Onile: deusa-Terra

Onje: alimento, refeições

Opele: a cadeia divinatória do babalawo

Opon Ifa: bandeja redonda ou retangular de madeira usada pelo babalawo para divinação

Oriki: canções e cantos de enaltecimento ao orixá

Orin: canções ao orixá

Orixá/Orixá: emanações angelicais do criador manifestas através da natureza
Orita: encruzilhadas
Orun: céu
Orumilá: o profeta da religião iorubá
Ota: pedras como os símbolos de imortalidade
Oti: bebida alcoólica forte
Owo: dinheiro; prosperidade

S

Santeria: religião iorubá combinada ao catolicismo espanhol
Siju: luz; aberto
Suuru: paciência

T

Tutari: incenso
Tutu: frio

V

Vodun: termo oeste-africano que significa Deus; Iorubá e catolicismo francês combinados no Haiti

Referências

ABIMBOLA, W. *Ifa: An exposition of Ifa literary corpus*. Oxford: Oxford University Press, 1976.

ABIMBOLA, W. *Sixteen great poems of Ifa*. Unesco e Abimbola, 1975.

ALI, M. *The Muslim prayer book*. Ahmadiyya, 1938.

APTER, A. *Black critics and kings*. Chicago: University of Chicago Press, 1992.

AWOLALU, J. Ọ. *Yoruba beliefs and sacrificial rites*. White Plains, NI: Longman Group, 1979.

BASCOM, W. *Ifa divination*. Bloomington: Indiana University Press, 1991.

BASCOM, W. *The Yoruba of Southwestern Nigeria*. Prospect Heights, IL: Waveland Press, 1969.

BURNHAM, S. *A book of angels*. Nova York: Ballantine Books, 1990.

CORTES, E. *Secretos del Oriata de la religion yoruba*. Vilaragut Articulos Religiosos. Com, 1980.

DAVIDSON, B. *The lost cities of Africa*. Boston: Little, Brown, 1988.

DE LUBICZ, I. S. *Her-Bak: Egyptian initiate*. Rochester, VT: Inner Traditions, 1982.

DIALLO, Y.; HALL, M. *The healing drum*. Rochester, VT: Destiny Books, 1989.

DIOP, C. A. *Precolonial black Africa*. Trenton, NJ: Africa World Press, copublicado com Lawrence Hill, 1992.

DREWAL, Henry; PEMBERTON III, J. *Yoruba: Nine centuries of African art and thought*. Nova York: The Center for African Art em associação com Harry N. Abrams, 1989.

DREWAL, M. T. *Yoruba ritual.* Bloomington: Indiana University Press, 1992.

DUKO, M. *God and godling's in African ontology*. Orunmila, n. 5 (junho de 1990).

ELIADE, M. *From primitives to Zen*. Nova York: Harper & Row, 1967.

EPEGA, A. *Obi: The mystical oracle of Obi divination*. Bronx, NY: Imole Oluwa Institute, 1985.

FASADE, O. *The herbs of Orișa*. Nova York: Iwa's Publishing Co., 1991.

GRAVES, K. *The worlds sixteen crucified saviors*. San Diego, CA. Truth Seeker, 1991.

HEINERMAN, J. *Herbal dynamics*. Root of Life, 1982.

IBIE, C. O. *Ifism: The complete work of Orunmila*. Hong Kong: Design Printing, 1986.

IDOWU, B. *Olodumare: God in Yoruba belief.* Londres: Longmans, Green, 1961.

JOHARI, H. *Chakras: Energy centers of transformation*. Rochester, VT: Inner Traditions, 1987.

JOHNSON, S. *The history of the Yorubas: From the earliest times to the beginning of the British protectorate*. Nova York: Routledge, 1971 (Reimpressão da edição de 1921).

KARENGA, M. *The Husia*. Los Angeles: Kawaida Publications, 1984.

LAWSON, E. T. *Religions of Africa*. San Francisco: Harper & Row, 1985.

LESLAU, C.; LESLAU, W. *African proverbs*. White Plains, NI: Peter Pauper Press, 1962.

MASON, J. *Four New World Yoruba rituals*. Yoruba Theological Archministry, 1985.

MASON, J. *Orin Orișa: Songs for selected heads*. Yoruba Theological Archministry, 1992.

MBITI, J. S. *Introduction to African religion*. Portsmouth, NH: Heinemann, 1975.

MCCLELLAND, E. *The cult of Ifa among the Yoruba*. Anchor Press, 1982.

MINICK, M. *The wisdom of Kung Fu*. Nova York: William Morrow and Company, 1974.

OMOLEWA, M. *Certificate history of Nigeria*. Londres: Longman Group, 1986.

ONWUBIKO, KBC. *History of West Africa*. Ontisha, Nigéria: Africana-FEP Publisher, 1967.

OPOKU, K. A. *West African traditional religion*. FEP International Private, 1978.

Orunmila Magazine. Lagos, Nigéria: Orunmila Youngsters International.

POPOOLA, S. Life: Its purpose and hereafter. Orunmila, n. 3 (junho de 1987).

SIMPSON, G. E. *Yoruba religion and medicine in Ibadan*. Ibadan University Press, 1980.

THOMPSON, R. F.. *Flash of the spirit*. Nova York: Vintage Books, 1984.

WARNER-LEWIS, M. *Guinea's other suns*. Dover, MA: Majority Press,1991.

WILLIAMS, G. *African designs from traditional sources*. Nova York: Dover Publications, 1971.

WITTE, H. *Earth and the ancestors: Ogboni iconography*. Amsterdã: Gallery Balolu, 1988.

WITTE, H. *Ifa and Esu*. Holanda: Kunsthandel, Luttik, 1984.

YUSEF ALI, A. *The Holy Quran*. Islamic Propagation Center International, 1946.

Índice

O

EDITORA VOZES LTDA.
Rua Frei Luís, 100 – Centro – Cep 25689-900 – Petrópolis, RJ
Tel.: (24) 2233-9000 – E-mail: vendas@vozes.com.br